JOACHIM SCHULT · NACHTFAHRT

JOACHIM SCHULT

Nachtfahrt

Nautische Tips
für Fahrtensegler

DELIUS KLASING VERLAG

2. Auflage
ISBN 3-87412-080-5

© Copyright by Klasing & Co GmbH Bielefeld
Printed in Germany 1989
Alle Rechte vorbehalten
Fotos und Zeichnungen: Joachim Schult (61), Jochen Pape (29), IALA (17),
DHI (2).
Umschlag: Hans-Georg Berkau
Druck: Ludwig Auer GmbH, Donauwörth

Inhaltsverzeichnis

Segeln mit anderen Maßstäben

Dieses Buch sollte ursprünglich nur den weniger erfahrenen Seglern helfen, nicht immer nur bei Tage zu segeln, sondern auch einmal eine Nachtfahrt zu wagen. Die Literatur für die Führerscheinkurse enthält nämlich eine so verwirrende Fülle von Lichtern, die Fahrzeuge bei Nacht führen können, und nicht minder zahllose Einzelheiten der Befeuerung von Fahrwassern und Küsten bei Nacht, daß es dem Neuling wirklich wie ein tollkühnes Unterfangen anmuten muß, sich in der Dunkelheit nur mit Hilfe farbiger Blinke auf See zurechtzufinden und nicht selbst von spärlich beleuchteten Dickschiffen über den Haufen gefahren zu werden.

Die meisten Führerscheinlehrbücher lassen nicht erkennen, welche Situationen häufig und welche anderen in einem langen Seglerleben während einer Nachtfahrt vielleicht niemals vorkommen werden. Sie stellen manche Begriffe der Nachtfahrt unverständlich oder gar falsch dar. Und letztlich sind es die etwa 50 Fragen sowohl eines „amtlichen" als auch eines „freiwilligen" Führerscheins, die sich ausschließlich mit der Nachtfahrt beschäftigen und mit ihrer stereotypen Formulierung: „Sie sehen folgendes Fahrzeug: Was ist das für ein Fahrzeug?" dazu beitragen, daß jeder Skipper vor Beginn der Nacht um jeden Preis irgendwo einen Pfahl zu erreichen versucht, wo er sein Boot während der Dunkelheit sicher festhalten kann.

Nachtfahrt kann man nicht (nur) aus Büchern lernen. Man muß ganz einfach eine Nachtfahrt wagen, in eine mondhelle Nacht hineinlaufen und dieses Segeln in der Dunkelheit mit seinen anderen Maßstäben kennenlernen. Dafür will ich Ihnen Tips geben.

Ich habe weit über tausend Nächte in kleinen Booten auf See zugebracht und mich in der Dunkelheit selten unsicher, aber meistens geborgen gefühlt. Natürlich wird man unterwegs auch andere Schiffe auf See sichten und sie an ihren Lichtern erkennen. Aber man kann seine eigenen Kurse auch so wählen, daß es weder zu einer Annäherung noch zu einer Begegnung kommt. Und man muß ja auch nicht gleich in den ersten Nächten in einen belebten Hafen einsteuern, der eine verwirrende Lichterfülle bietet.

Ich selbst bin in den letzten Jahren bei Nacht in Lissabon und New York, in Reijkjavik und Dubrownik eingelaufen, weil es sich durch die Ankunftszeit ergab. Ich habe aber auch viele Stunden lang in der Dunkelheit vor Antigua und Dublin, an Finnlands Schärengarten und Neufundlands Küste beigelegen und auf das Tageslicht gewartet, um ohne nautisches Risiko bequemer einzulaufen. Unzählige Male bin ich erst abends in die Nacht hinausgesegelt, weil mir ein Ankerplatz zu unsicher oder eine Wetterverschlechterung zu gefährlich schien.

In unzähligen Nächten habe ich auf See zwischen den Kontinenten in der Plicht gehockt oder unter der Kuppel gestanden und während meiner Wache oft an die Stelle aus Gorch Focks Tagebuch gedacht: „Ich bin allein an Deck, außer dem Ausgucksmann, dem Rudersmann und dem Wachhabenden. Mir ist, als gehört mir Schiff und See – herrlich ist's! Die See ist allein mit mir, das ist's, was ich erträumt habe! Eben läutet es acht Glasen: Die Hundewache (12 bis 4) ist zu Ende! Hundewache? Es ist die Königswache, meine ich! Königliche, heilige Morgendämmerung! Sehen! Leben!"

Aber dieses Buch soll nicht nur jüngere Skipper auf die nächtliche See hinausführen und auch ihnen das Erlebnis einer solchen Nachtfahrt schenken helfen. Je intensiver ich mich mit dem Thema beschäftige, desto mehr Aspekte entdeckte ich, die noch nirgends vorher behandelt worden sind. Es sind Nachtfahrt-Überlegungen auch für erfahrene Skipper, die bei unsichtigem Wetter unterwegs sind, in einer Regatta hautnah an die Küste gehen wollen oder bei Nacht einen Schiffahrtstrack kreuzen müssen. Und es sind Untersuchungen für die Sicherheit auf See bei Nacht in kleinen Yachten.

Ich wünsche Ihnen bei Nachtfahrten eine allzeit gute Wache!

Tespe bei Hamburg, Januar 1989   Joachim Schult

Lange und kurze Nächte

Die Nacht ist bekanntlich der Zeitraum zwischen Sonnenuntergang und Sonnenaufgang. Ebenso wissen wir, daß die Nacht im Jahresrhythmus unterschiedlich lange dauert. Die jahreszeitlichen Gründe für die unterschiedliche Zeitspanne zwischen Untergang und Aufgang der Sonne will ich hier nicht wiederholen. Stattdessen wollen wir uns genauer mit der unterschiedlichen Nachtdauer zu bestimmten Zeiten in verschiedensten Seegebieten beschäftigen, in denen unsere Fahrtenziele liegen.

Nur an zwei Tagen jeden Jahres ist die Nacht an allen Orten unserer Erde gleich lang, und an diesen beiden Tagen währt das Nachtdunkel auch genau so lange wie die Tageshelligkeit, nämlich zwölf Stunden. Diese Erscheinung beobachten wir jeweils am 21. März und 23. September, wenn die Sonne im Himmelsäquator steht und genau im Ostpunkt auf- und im Westpunkt untergeht. Jeder dieser beiden Tage wird auch als Äquinoktium bezeichnet und als Tag- und Nachtgleiche verstanden (obwohl das ursprüngliche lateinische Wort aequi-noctium nur „Gleichheit der Nächte" bedeutet). Nautisch-astronomisch sind die Äquinoktien die Schnittpunkte zwischen der Ekliptik und dem Himmelsäquator, die auch als Frühlings- oder Widderpunkt und Waagepunkt bezeichnet werden.

Wir wissen aus unserer Lebenserfahrung, daß nach der Frühjahrs-Tag- und Nachtgleiche die Tage länger und die Nächte kürzer werden – doch ist dies eine Erscheinung, die nur für unsere heimische Nordhalbkugel und ihr Sommerhalbjahr gilt. Auf der Südhalbkugel wird vom 21. März an die Nachtzeit länger. Insoweit ist der Frühlingsanfang für die Nordhalbkugel gleichzeitig der Herbstanfang für die Südhalbkugel. In der gleichen Weise, wie im nördlichen Sommer auf der Nordhalbkugel die Nächte mit zunehmender Breite kürzer werden,

werden sie im gleichen Halbjahr auf der Südhalbkugel entsprechend länger.
Unsere nautischen Entscheidungen für Nachtfahrten werden von folgenden Erkenntnissen bestimmt:

Die Dauer der Nacht ist vom Segelrevier abhängig

Ein Fahrtensegler, der jährlich nur in Ost- oder Nordsee segelt, weiß nicht nur, daß die Mittsommernacht am 21. Juni die kürzeste Nacht des Jahres ist. Er hat auch festgestellt, daß die Nächte in den Monaten Juni und Juli nicht viel länger als 7 Stunden dauern und manches Stockdunkel einer Nacht durch die Abend- und Morgendämmerung noch um eine gute Stunde verkürzt wird.
Der Mittelmeersegler hingegen muß während der gleichen Urlaubsmonate über 2 Stunden länger durch die Dunkelheit segeln. Um diese Zeitdauer ist die Nacht dort länger.
Startet man andererseits aus der Deutschen Bucht zu einer Norwegenreise, dann hält die Tageshelligkeit immer länger an, und wenn man beispielsweise eine Islandfahrt zum richtigen Zeitpunkt startet, wird man kaum unter Nachtfahrtbedingungen segeln müssen.
Die Tabellen 1 und 2 geben uns genauere Daten für diese Tatsachen.

Dauer des Tages (in Stunden und Minuten)							
Seegebiet: Jahreszeit:	1.1.	1.3.	1.5.	21.6.	1.7.	1.9.	1.11.
1. 65° N (Mittelnorwegen und Island)	3.53	10.08	17.01	21.59	21.20	14.31	7.46
2. 55° N (Nordsee und Ostsee)	7.17	10.37	15.13	17.23	17.12	13.40	9.18
3. 40° N (Mittelmeer)	9.23	11.19	13.53	15.01	14.56	13.00	10.28
4. 15° N (Passatroute auf Nordatlantik)	11.15	11.51	12.40	13.01	12.59	12.23	11.35
5. 0° (Seegebiet Äquator)	ganzjährig um 12 Stunden						

Abb. 1: Dauer des Tages auf unterschiedlichen geographischen Breiten.

Dauer der Nacht (in Kursiv nach Abzug der Morgen- und Abenddämmerung) Angabe in Stunden und Minuten								
Seegebiet:	Jahreszeit:	1.1.	1.3.	1.5.	21.6.	1.7.	1.9.	1.11.
1. 65° N (Mittelnorwegen und Island)		20.07	13.52	6.59	2.01	2.40	9.29	16.14
		18.43	*12.12*	*4.31*	*Dämmerung*		*7.38*	*15.18*
2. 55° N (Nordsee und Ostsee)		16.43	13.23	8.47	6.37	6.48	10.20	14.42
		15.13	*12.11*	*7.21*	*4.41*	*4.56*	*9.04*	*13.64*
3. 40° N (Mittelmeer)		14.37	12.41	10.07	8.59	9.04	11.00	13.32
		13.37	*11.47*	*9.09*	*7.53*	*7.58*	*10.04*	*12.36*
4. 15° N (Passatroute auf Nordatlantik)		12.45	12.09	11.20	10.59	11.01	11.37	12.25
		11.59	*11.25*	*10.36*	*10.11*	*10.13*	*10.53*	*11.41*
5. 0° (Seegebiet Äquator)		ganzjährig nahezu 12 Stunden						
		ganzjährig etwa 11 Stunden 40 Minuten						

Abb. 2: Dauer der Nacht (nach Abzug der Morgen- und Abenddämmerung) in Stunden und Minuten.

Wir vergleichen hier die Dauer der Nacht mit der Dauer des Tages auf 5 unterschiedlichen geographischen Breiten und somit auch in 5 verschiedenen Revieren, in denen deutsche Fahrtensegler schippern:
1. Hohe nördliche Breiten von 65° N, auf denen die norwegische Küste nördlich von Trondheim, das Fahrtenziel Island und der nördliche Bereich des Bottnischen Meerbusens in der Ostsee liegen.
2. Der Breitenparallel 55° N, der mitten durch Nordsee und Ostsee hindurchführt.
3. Die Breite von 40° N als Kennzeichnung für das Mittelmeer.
4. Die Passatroute auf etwa 15° N, auf der nicht nur der Atlantik überquert wird, sondern auch Weltumseglungen ablaufen.
5. Das Gebiet um den Äquator auf 0° Breite.
Diese genauen Daten sind schematisch in den Abbildungen 4 bis 7 graphisch dargestellt, um ihre Unterschiede optisch noch deutlicher darzustellen.

• Wir erkennen, daß auf der Passatroute die Nacht ganzjährig länger als 11 Stunden dauert und der Obolus, den wir für die angenehme Wärme auf dieser Barfußroute entrichten müssen, die vielen zusätzlichen Stunden (im Vergleich zu unseren heimischen Segelrevieren) dunkler Tropennacht sind.

• Auf einem Törn nach Norwegen werden uns als Bonus für die Kälte von Luft und Wasser, mit denen wir fertig werden müssen, zunehmend kürzere Nächte gewährt. Wir müssen den Polarkreis nicht einmal erreichen, um in der Faszination eines „ewigen Tages" segeln zu können, wenn wir uns hierzu die Monate Juni und Juli aussuchen und die Dämmerung nicht als Nachtzeit rechnen.

• Wie man beispielsweise bei Überführungsfahrten von der Ostsee ins Mittelmeer die länger werdende Zeit der Nächte in Rechnung stellen muß, wenn man seine Crew zusammenstellt oder die Wachen entsprechend der Erfahrung der Segler einteilt, muß man sich bei Reisen in heimischen Revieren insbesondere in den Monaten September und Oktober sowie vor allem bei Langfahrten auf der Passatroute auf die besonderen seemännischen und nautischen Bedingungen der Nachtfahrt vorbereiten und entsprechend einstellen.

Die Dauer der Nacht ist von der Jahreszeit abhängig

Die Abbildungen 4 bis 7 zeigen uns sowohl mit exakten Zahlenangaben als auch mit schematischen graphischen Darstellungen, wie sich die Nachtdauer mit der Jahreszeit ändert:

• Zur Zeit der Mittsommernacht oder Sommersonnenwende haben wir die längsten Tage und kürzesten Nächte (in der Ostsee beispielsweise 6 Stunden 37 Minuten). Demgegenüber haben wir zur Zeit der Wintersonnenwende am 21. 12. die längsten Nächte mit über 16 Stunden Dauer an den deutschen Küsten.

• Oder anders: Beginnen wir unsere Langfahrten an der Ostseeküste im Frühjahr, dann sind die Nächte zwar (noch) kühl, aber (schon) kurz. Segeln wir bis weit in den Herbst hinein, werden die Nächte noch warm, aber immer länger (als die Tageshelligkeit) sein.

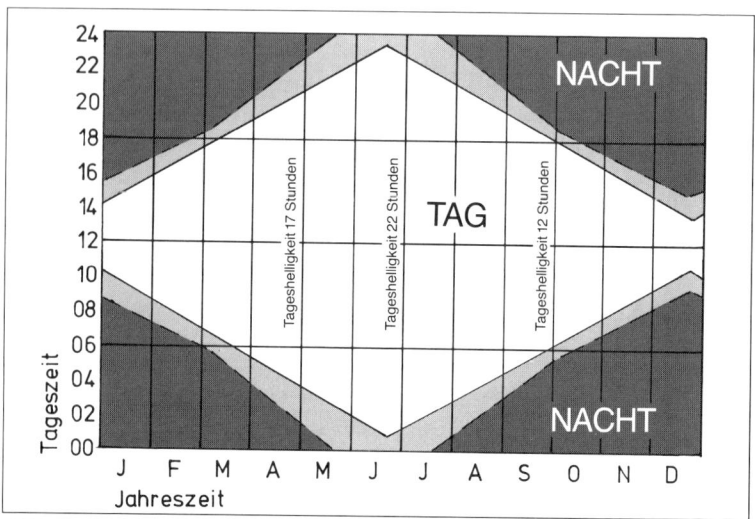

Abb. 4: Nachtdauer auf 65° N (Norwegische Küste) im Jahresverlauf.

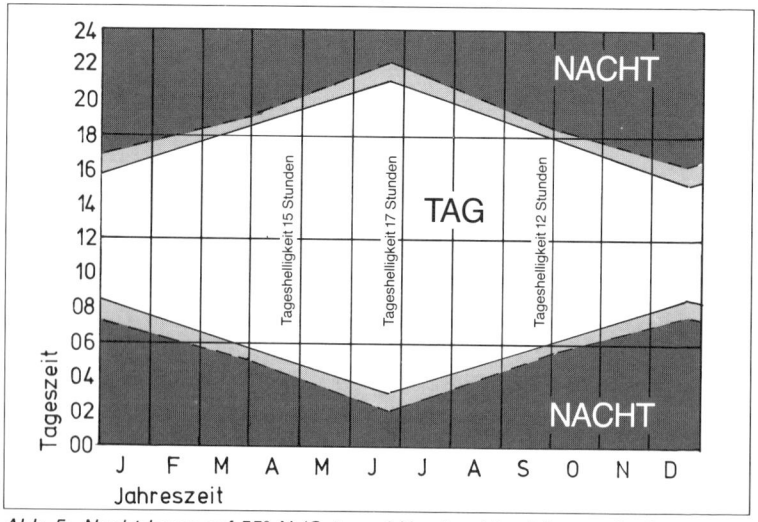

Abb. 5: Nachtdauer auf 55° N (Ost- und Nordsee) im Jahresverlauf.

12

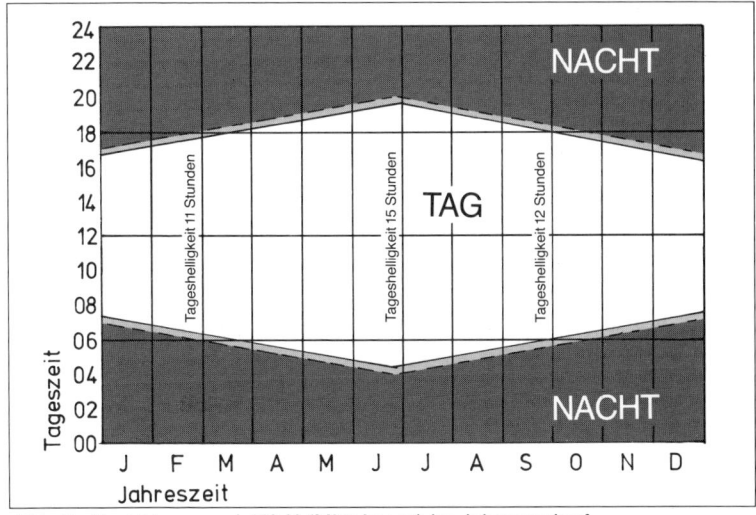

Abb. 6: Nachtdauer auf 40° N (Mittelmeer) im Jahresverlauf.

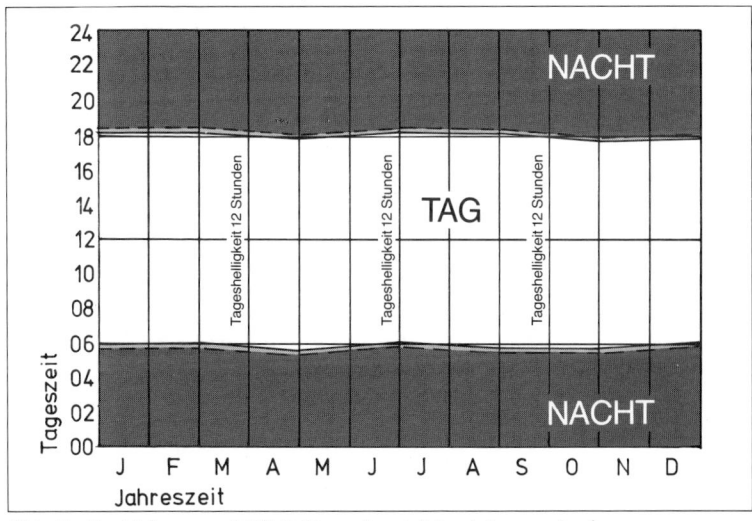

Abb. 7: Nachtdauer auf 15° N (Passatroute) im Jahresverlauf.

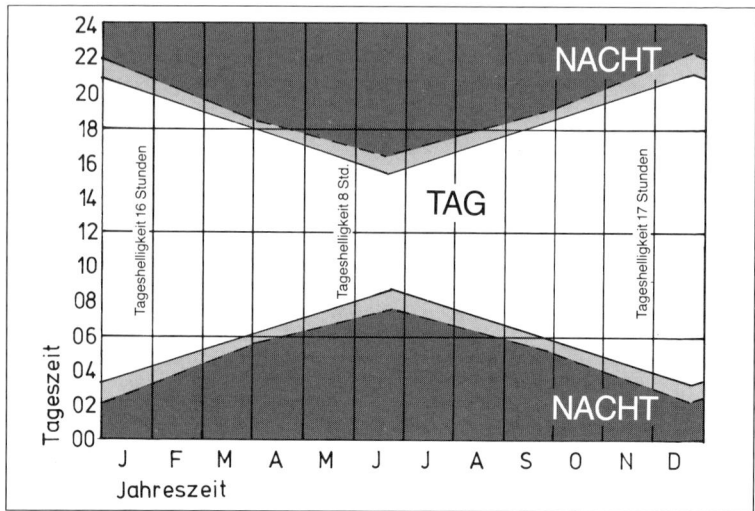

Abb. 8: Nachtdauer auf 55° S (Kap Hoorn-Region) im Jahresverlauf.

• Vergleichen wir in diesem Zusammenhang die Abb. 5 der jahreszeit-
lich bedingten Sichtverhältnisse auf 55° N mit der Dauer von Tag und
Nacht während der gleichen Zeit auf 55° S (Abb. 8), dann sehen wir:
Die gleichen kurzen Nächte, in denen wir im Juni und Juli in Ost- und
Nordsee segeln, treffen wir in den Monaten Dezember und Januar im
Seegebiet von Kap Hoorn und anderswo auf 55° südlicher Breite an.
Oder anders: Auf 55° S liegen die kurzen Nächte zwischen November
und Februar; auf 55° N liegen sie zwischen Mai und August.

Die Dämmerung verkürzt das Dunkel der Nacht

Sie ist der Zeitraum einer noch nicht vollständigen Dunkelheit sowohl
nach dem Sonnenuntergang als auch vor Sonnenaufgang. Man unterscheidet eine Abenddämmerung als Zeitspanne zwischen dem wahren Sonnenuntergang und dem Eintritt der völligen Dunkelheit und

eine Morgendämmerung als Zeitraum vom Beginn des Aufhellens völliger Dunkelheit bis zum wahren Sonnenaufgang. Ursache dieses langsamen Lichtwechsels oder dieses eigenartigen Zwielichtes ist eine Reflexion und Streuung der Lichtstrahlen der Sonne an der Lufthülle (Atmosphäre) unserer Erde.

Um diese Übergangszeit des ,,Dunkelwerdens'' oder ,,Hellwerdens'', die ja auf subjektiven Sinneseindrücken beruht, zeitlich genauer festzulegen, nimmt man die Stellung des Sonnenmittelpunktes unter dem wahren Horizont als Grenzwert an. Sowohl für die Morgen- wie für die Abenddämmerung unterscheidet man jedoch drei unterschiedlich lange Zeitspannen:

• Die **bürgerliche Dämmerung** ist die Zeit von Sonnenuntergang bis zu einem Stand des Sonnenmittelpunktes von 6° unter dem wahren Horizont bzw. die Zeit zunehmender Helligkeit von einer Tiefe des Sonnenmittelpunktes von 6° unter dem wahren Horizont bis zum Sonnenaufgang. Die Dauer der bürgerlichen Dämmerung ist in den Tafeln des Sonnenaufgangs und Sonnenuntergangs im Vorspann jedes Nautischen Jahrbuchs enthalten. Sie ist die kürzeste der drei Dämmerungszeiträume. An Land endet sie mit dem ,,letzten Büchsenlicht''. Auf See kann man während der Zeit der bürgerlichen Dämmerung noch Gegenstände auf See (Tonnen, Hindernisse) ausreichend deutlich ausmachen.

• Das Kriterium für die **nautische Dämmerung** ist: Der Sonnenmittelpunkt befindet sich 12° unter dem wahren Horizont. In dieser Zeit reicht das Licht noch aus, um in der astronomischen Navigation die Höhe eines Gestirns über der Kimm zu messen. Die nautische Dämmerung ist länger als die bürgerliche Dämmerung.

• Die **astronomische Dämmerung** beginnt bzw. endet, wenn sich der Sonnenmittelpunkt 18° unter dem wahren Horizont befindet. Sie ist länger als die nautische und beträchtlich länger als die bürgerliche Dämmerung.

Die Dauer der Dämmerung ist wie die Dauer der Nacht von der geographischen Breite des Beobachtungsortes und (auch) von der Jahreszeit abhängig. Abb. 3 zeigt die Zeitdauer der bürgerlichen Morgen- und

Dauer der bürgerlichen Dämmerung
(Morgendämmerung und Abenddämmerung in Stunden und Minuten)

Seegebiet:	Jahreszeit:	1.1.	1.3.	1.5.	21.6.	1.7.	1.9.	1.11.
1. 65° N (Mittelnorwegen und Island)		1.24	0.50	1.14	0	0	0.55	0.56
2. 55° N (Nordsee und Ostsee)		0.45	0.36	0.43	0.58	0.56	0.38	0.39
3. 40° N (Mittelmeer)		0.30	0.27	0.29	0.33	0.33	0.28	0.28
4. 15° N (Passatroute auf Nordatlantik)		0.23	0.22	0.22	0.24	0.24	0.22	0.22
5. 0° (Seegebiet Äquator)		0.22	0.21	0.21	0.22	0.22	0.21	0.22

Abb. 3: Dauer der bürgerlichen Dämmerung (Morgendämmerung und Abend-
dämmerung) in Stunden und Minuten.

Abenddämmerung auf den unterschiedlichen Breitenparallelen 65° N, 55° N, 40° N, 15° N und 0° im Jahresverlauf, jeweils zweimonatlich dargestellt.

Wir erkennen hieraus, daß die Dämmerungszeit am Äquator mit etwa 21 Minuten kürzer als in der Ostsee ist, wo sie nahezu eine Stunde lang dauern kann. Auf 65° Nord ist die Dämmerungszeit noch beträchtlich länger. In tropischen Segelrevieren kommt es also zu einem überraschend schnellen Übergang zwischen hellem Tag und dunkler Nacht. In den höheren Breiten dauert das Hell- und Dunkelwerden erheblich länger.

Man beachte auch, daß die Dämmerungsdauer zur Zeit der Äquinoktien (bzw. im März und im September) kürzer als zu den Zeiten des höchsten und niedrigsten Sonnenstandes ist.

Ziehen wir die Morgen- und Abenddämmerung von der Dauer einer ganz schwarzen Nacht ab, dann verbleibt für diese, manchem Segler unsympathische und gefährlich anmutende Zeit eine sehr viel geringere Zeitdauer, als wenn wir als Dauer der Nacht nur die Zeitspanne zwischen Sonnenuntergang und Sonnenaufgang heranziehen würden. In der Tabelle 2 ist daher in Klammern die Dauer der völligen Dunkelheit unter Abzug der Abend- und Morgendämmerung zusätzlich genannt.

Bestimmen wir, wann der Nachtwächter aufziehen und der Tagwächter ablösen kann

Die Graphiken und Tabellen können einem Skipper nicht nur helfen, Nachtwachen sorgfältig vorzubereiten. Sie liefern auch exakte Daten für den Wachwechsel. Natürlich müssen dann die hier genannten Richtwerte auf die gesetzlichen Zeiten umgerechnet bzw. die entsprechenden hier genannten Zeitblöcke um Stundenwerte einfach verschoben werden.

Ich empfehle Ihnen an anderer Stelle, bei mehrtägigen Langfahrten, in denen mindestens eine Nacht, maximal fünf Nächte durchgesegelt wird, den erfahrensten (Nachtfahrt-)Seglern die Yachtführung während der völligen Dunkelheit zu übertragen. Diese Entscheidung bedingt eine Wachablösung am Ende der Abend- und am Beginn der Morgendämmerung und somit eine Dauer der Wache, die im Prinzip der in Tabelle 2 in Klammern gesetzten Zeitspanne entspricht. Ausgehend von dieser Nachtwachzeit legt man die Dauer und die Zeit der Wachablösung für alle übrigen Wachen des Tages fest.

Die Zeit der Dunkelheit beeinflußt auch die Leistungsfähigkeit mancher nautischer Geräte und sie bestimmt die entsprechende Ausrüstung für eine Nachtfahrt.

In der Funkpeilung kommt es durch den Nachteffekt oder Dämmerungseffekt zu Funkfehlpeilungen, die sich am deutlichsten zur Zeit der Morgen- und Abenddämmerung auswirken. In dieser Zeit überlagern sich Boden- und Raumwelle am Ort eines Funkpeilers, so daß die magnetische Feldstärke nicht mehr parallel zur Erdoberfläche und die elektrische nicht mehr senkrecht zu ihr gerichtet ist. Der Funkstrahl pendelt und das Peilminimum verbreitert sich, so daß eine zuverlässige Standortbestimmung nahezu unmöglich geworden ist.

Zur Ausrüstung gehört ein spezielles Nachtglas, wie man (früher) die Ferngläser bzw. Doppelgläser treffend charakterisierte, die für die besonderen Bordbedingungen einer Nachtfahrt am besten geeignet sind. Die Sehschärfe insbesondere während der Dämmerung ist von der Lichtstärke wie von der Vergrößerung gleichermaßen abhängig. Gleichzeitig muß bei der Benutzung sowohl unruhige Handhaltung wie die unvermeidbare Bootsbewegung in Rechnung gestellt werden. Ein als Nachtglas benutzter ,,Kieker'' hat die Optik 7×50.

Mit einem Nachthaus oder einer Nachthaube, wie man die trittsichere Schutzhaube mit Beleuchtung der Rose und Durchblickfenster nennt, die während der Nacht auf das Oberteil des Steuerkompasses gesetzt wird, arbeitet man auf Yachten nur noch selten. Beim Kauf eines Steuerkompasses achte man jedoch darauf, daß er mit einer verstellbaren Beleuchtung ausgestattet ist, deren Lichtstärke man so weit herunterregeln kann, daß der Rudergänger nicht geblendet wird.

Die pedantischen Handgriffe

Eine Nachtfahrt soll Freude machen und gefahrlos verlaufen. Beide Voraussetzungen werden nur erfüllt, wenn sich jedes Crewmitglied innerlich auf ein tätiges Leben auch in Dunkelheit einstellt und handwerklich gut vorbereitet, um alle Arbeiten während einer Nachtfahrt zuverlässig auszuführen. Bei einer Partner-Besatzung muß der Wachhabende weder den Verlauf einer Wache noch die Handgriffe für die einzelnen Segel- und Decksmanöver mit anderen Seglern abstimmen. Er ist allein auf Wache und hat somit auch allein den Nutzen guter, sorgfältiger Arbeitsweise, wie er auch allein die risikoreiche Mehrarbeit bei nachlässigen Handgriffen zu tragen hat.

Bei einer mehrköpfigen Wache müssen alle ausbaden, was ein einzelner verbockt hat. Da oft die Ursache für folgenschweren Unbill einfach die Tatsache ist, daß der eine Segler eine Leine anders aufschießt oder eine Klampe anders belegt, als es ein anderer macht, muß man einfach eine einzige bestimmte Art seemännischer Handarbeit als bordverbindlich bestimmen und alle Besatzungsmitglieder anhalten, sich ständig und genau an diese Art zu halten. Von solchen pedantischen Handgriffen kann nicht nur in einer kritischen Situation die Sicherheit des Bootes abhängen. Diese pedantischen Handgriffe sind ganz einfach die Voraussetzung für eine friedliche und freudvolle Nachtfahrt, in der auch unerwartete Schwierigkeiten ohne „Zustand an Bord" gemeistert werden können.

Aus den folgenden Tips mag sich Wachgänger und Wachführer, Decksmann und Badegast herauspicken, was für ihn nützlich und wertvoll ist:

Lerne die wichtigsten Knoten auch in der Dunkelheit zu schlagen und zu lösen

Bekanntlich kommt man an Bord mit zwei oder drei Knoten aus. Man muß sie aber auch in der Nacht, mit einer über die Augen gerutschten Mütze, in jeder Körperhaltung, die man sich nur vorstellen kann, und natürlich auch hinter dem Rücken sicher stecken können. Dazu gehört auch der schwierige Pahlstek, den auch Kinder in der „amerikanischen Art" so einfach lernen sollten, damit nicht in jedem Frühjahr das Üben neu beginnen muß (Abb. 9).

Der Kreuzknoten und (zwei) halbe Schläge sind mit geschlossenen Augen schon sehr viel einfacher zu üben und zu fertigen.

Lerne genau die Art, wie man an Bord Leinen aufschießt

Man kann eine Leine auf diese oder jene Art zu einem kompakten Bündel zurren, man kann dünne und dicke Leinen unterschiedlich aufschießen. Für Nachtfahrten (und nicht nur für diese!) kommt es darauf an, alle Leinen in der gleichen Art pedantisch zusammenzulegen – damit man weiß, auf welche Weise man sie gegebenenfalls auch wieder „klar zum Laufen" vorbereiten kann. Bei uns an Bord wird

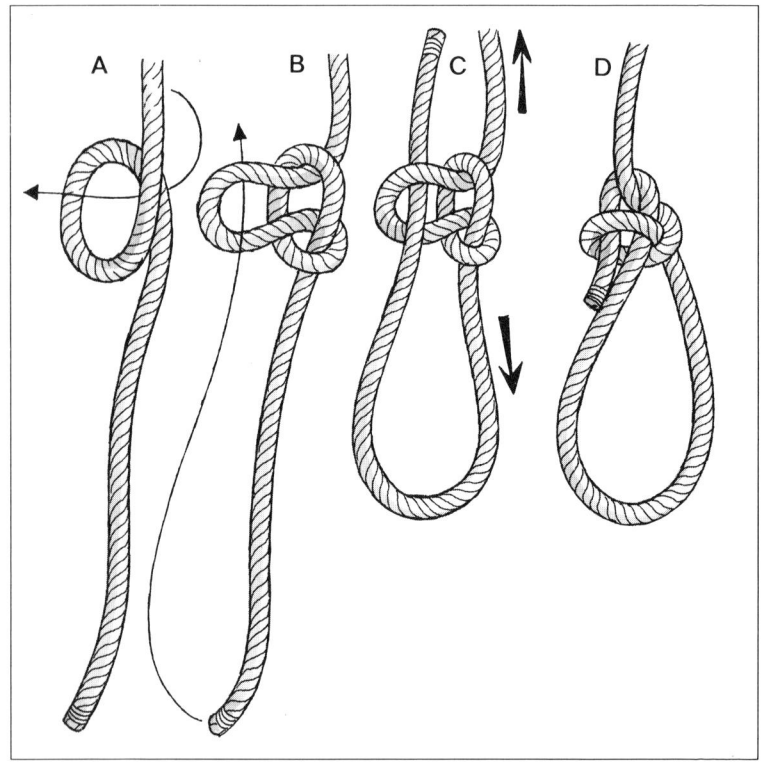

Abb. 9: Ein sicherer Pahlstek für Tag- und Nachtfahrten.

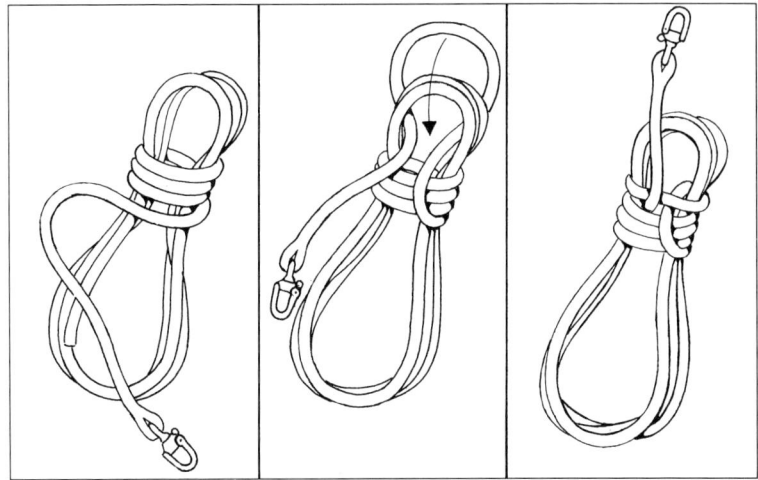

Abb. 10: Alle Leinen einheitlich aufschießen.

grundsätzlich die in Abb. 10 gezeigte Art des Aufschießens benutzt. Und natürlich werden alle Klampen immer ohne Kopfschläge belegt. Weil jeder Mitsegler diese elementaren Regeln immer befolgt, ist uns manche Wuhling und jeder der sich vielleicht daraus ergebende Folgeschaden erspart geblieben.

Vermeide Überläufer auf den Winschen

Das Durchholen und das Losegeben der Leinen, die über Schot- oder Fallwinden laufen, muß wirklich „wie im Schlaf", d. h. auch mit geschlossenen Augen (um die Dunkelheit der Nacht zu simulieren) erfolgen können. Ebenso muß das freie Ende mit dem Tampen klar zum Laufen an derjenigen Stelle und in der verbindlichen Art aufgeschossen werden, von wo aus es bei Bedienung der Winsch zuverlässig auslaufen kann.

Besser langsam und sicher als schnell und fehlerhaft arbeiten

Bei Nachtfahrten kommt es mehr darauf an, eine Arbeit sorgfältig und zuverlässig zu erledigen, als sie mit allen Risiken eines Hoppla-Hopp hinter sich zu bringen. In der Dunkelheit gilt ganz besonders die alte Schiffahrtsregel: „Mit einer Hand des Schiffs zu walten, mit der anderen sich festzuhalten!" Die Arbeitsgeräte in der Plicht, z. B. die Winschen, müssen so ausgewählt und angeordnet und die holenden Parten von Schoten, Fallen, Reffleinen, Dirk u. a. so geführt werden, daß sie bei einer zahlenmäßig kleinen Crew in Handreichweite vom Rudergängerplatz bedient werden können. Aus diesem Grunde sollten Reffleinen von Rollreffsegeln, die größer als 25 bis 30 m^2 sind, auch grundsätzlich über eine Schotwinsch laufen, damit Rollreffanlagen auch auf einer Nachtfahrt, im Regen und bei krängendem Boot noch von einer Frau oder mit den schwächeren Armkräften eines Kindes bedient werden können.

Lerne das laufende Gut vor einer Nachtfahrt genau kennen!

Bei Nacht hat die farbige Kennzeichnung von Leinen, die für unterschiedliche Zwecke benutzt werden, keine Bedeutung mehr. Nachts sind alle Katzen grau. Das richtige Ende kann man nur nach dem Gedächtnis holen oder fieren. Da der Verlauf einer Leine bis an oder in den Mast bei Dunkelheit nur ungenau zu erkennen ist, präge man sich für die wichtigsten Fallen und Schoten kennzeichnende Merkmale ein, beispielsweise „Leitblock liegt außen" oder „Klampe liegt an Steuerbordseite". Genauso zuverlässig muß man wissen, wo Winschkurbeln verstaut und wie sie an ihrem Stauplatz gesichert sind, wo und wie sie eingesteckt und beim Betrieb eingerastet werden.

Lege alles seemännische Handwerkszeug nach seiner Benutzung wieder richtig an den alten Platz zurück

Diese wichtige Regel ist die Voraussetzung, daß auch nachfolgende

Manöver genauso zuverlässig ablaufen können wie die Arbeit, die man selbst gerade beendet hat. Oft muß man hierzu in Kälte oder Nässe die Zähne noch ein Dutzend Sekunden länger zusammenbeißen, wenn sich ein Sicherungssplint mit klammen Fingern nicht wieder einfummeln oder eine Zurring gegen Herausrutschen aus der Ruhehalterung nicht schnell genug wieder binden läßt. In vielen Fällen wird man aber selbst der Nutznießer dieser pedantischen Arbeit sein und dadurch vielleicht unter noch schwierigeren Nachfolgebedingungen leichter und schneller arbeiten können.

Stelle fest, wo und wie sich der Sicherheitsgurt einpicken läßt

Natürlich ist es am besten, wenn man für nächtliche Arbeit an Deck den Sicherheitsgurt bereits in der Plicht in ein Jackstag oder einen Drahtstander einpicken kann, die ohne Unterbrechung bis zum Vorschiff verlaufen. Fehlgriffe sind dann ausgeschlossen. Auf solcherart nicht gesicherten Decks präge man sich genau die Lage von Heißaugen (z. B. in den Relingsfüßen) und geeigneten Verankerungen für den Karabinerhaken am Mast ein, damit man in der Dunkelheit nicht lange suchen und vielleicht sogar Gefahr laufen muß, einen falschen, unsicheren Haltepunkt erwischt zu haben.

Versorge dich mit dem richtigen persönlichen Handwerkszeug

Hierzu gehört neben dem Bordmesser einschließlich Marlspieker eine kleine, handliche Taschenlampe mit frischer Batterie (für die Hosen- oder Jackentasche) sowie zwei bis drei Zeisinge, Gummistropps oder Bändsel von Armlänge. Sie dienen dazu, bei einer nächtlichen Inspektion auf Deck eine Zurring zu erneuern, ein Fall abzubinden oder einen schlagenden Gegenstand beizuzurren. Die Taschenlampe muß hierzu notfalls in den Mund genommen und mit den Zähnen gehalten werden (Abb. 11), und dieser Notfall bestimmt auch Form und Größe der Lampe. Größere Taschenlampen erhalten einen Karabinerhaken mit großer Öffnung, um sie überall einpicken zu können (Abb. 12).

Abb. 11: Wenn man keine Hand frei hat, um eine Taschenlampe zu halten.

Während des Umgangs mit der Taschenlampe bei Nacht achte man sowohl in der Plicht als auch an Deck darauf, daß man nicht in die Augen des Rudergängers oder Mitwächters scheint. Solcherart geblendet, wird die ursprüngliche Sehfähigkeit der Nacht erst nach 5 bis 10 Minuten wiederkehren – eine gefährlich lange Zeit!

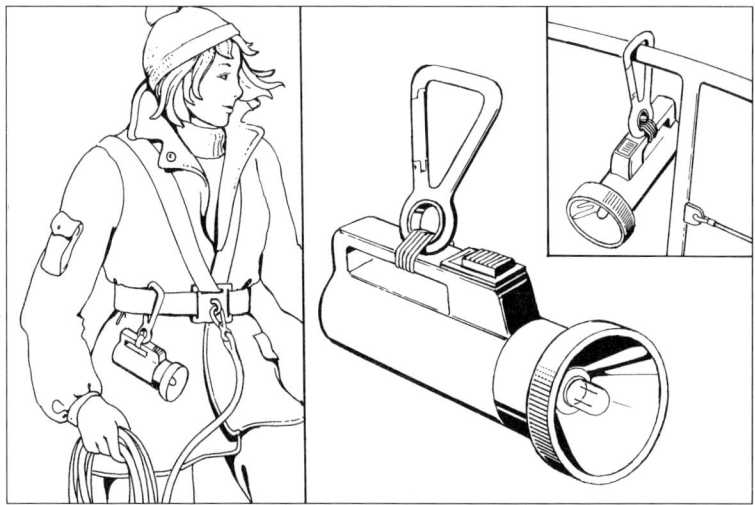

Abb. 12: Taschenlampen mit Karabinerhaken lassen sich überall einpicken.

Vermeide Lärm während der Nachtwache zugunsten der Freiwächter in der Koje

Wenn mehrere Personen sich die Nachtwache teilen, wird eine Unterhaltung gar nicht ausbleiben. Man muß sich ja nicht nur über Sichtungen unterhalten oder im Gespräch Einschätzungen über Segelführung und Wetterentwicklung austauschen, man will sich ja auch wachhalten und gelegentlich aufmuntern. Solche Verständigung sollte so leise wie möglich erfolgen, damit die Freiwache in ihren Kojen nicht gestört wird. Erfahrungsgemäß liegen die besten Schlafplätze unter Deck im Zentrum des Bootes in der Nähe der Plicht.

25

Aber auch ein einzelner, eigentlich stummer Wächter kann störenden Lärm erzeugen: Da ist beispielsweise einer der drei Karabinerhaken des Sicherheitsgurtes, der bei jeder Körperbewegung gegen das Süll schlägt oder über den Sitz schlurrt – unter Deck deutlicher zu hören als in den Windgeräuschen draußen. Oder da ist ein straff gespanntes Fall, das im Wind der Länge lang gegen den Mast schlägt. Es gibt keinen wirkungsvolleren Resonanzkörper, um dieses nervenaufreibende Klappern überallhin zu übertragen, als es ein Mast aus Aluminium ist. Oder da ist ein Leitblock auf der Schotschiene in Lee, der bei jeder überkommenden See aufschwimmen und nach ihrem Ablaufen dröhnend auf das Deck zurückfallen kann.

Sicherheitsausrüstung für Nachtfahrten

Signalfolien für Segel, Bootsrumpf und Rettungsgeräte

Die internationalen Schiffahrtsbehörden haben bereits im November 1973 in einer Resolution beschlossen, die Rettungsmittel an Bord von Seeschiffen mit rückstrahlenden Bändern zu versehen. Die deutsche Seeberufsgenossenschaft verfügte deshalb am 15. Mai 1979, Reflexstoffe an Rettungsbooten und -flößen sowie an Schwimmwesten und Rettungskörpern anzubringen, damit Schiffbrüchige bei Nacht besser aufgefunden werden können. Seit dieser Zeit gibt es auch zahlreiche Beweise aus dem Seenotdienst, daß durch solche Signalfolien gekennzeichnete, im Wasser treibende Rettungsinseln und Schiffbrüchige besser und schneller gesichtet werden konnten als unbezeichnete Rettungsgeräte.

Die für den Seenotfall entwickelten Signalfolien der 3M-Deutschland GmbH sind lichttechnische Baustoffe, die eine Vielzahl von kleinen Glaskügelchen mit einem Durchmesser von weniger als 0,1 mm besitzen, die auf sie gerichtetes Licht in Richtung der Lichtquelle zurückstrahlen. Die reflektierende Grundschicht ist meistens eine farbige

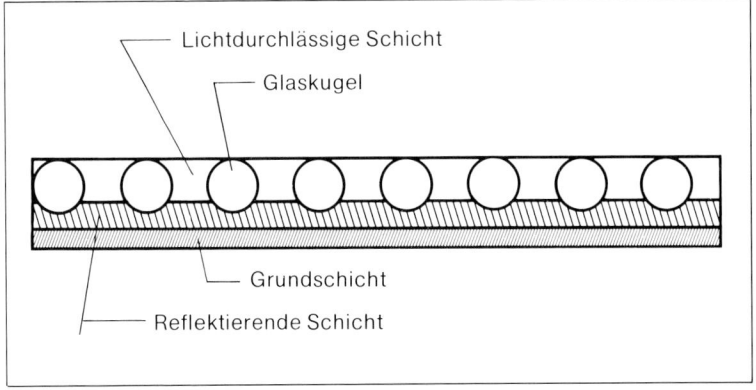

Abb. 13: Der Aufbau von selbstklebenden Signalfolien.

Folie. Die Glaskugeln selbst bestehen aus einfachem Klarglas. Abb. 13 zeigt den Aufbau solcher Reflexstoffe.

Es gibt viele Möglichkeiten, den Lichtstrahl (beispielsweise aus einer Taschenlampe) von diesen Signalfolien zurückstrahlen zu lassen. Eine spiegelnde oder gestreute Reflexion ist für Bordzwecke jedoch unbefriedigend, so daß es der Erfindung von retroreflektierenden Oberflächen bedurfte, um das Licht hauptsächlich in der Gegenrichtung zurückzustrahlen, aus der es gekommen ist. Abb. 14 zeigt den Lichtblink von der Lichtquelle zum Auge des Beobachters zurück in einer der vielen tausend einzeln verspiegelten Glaskügelchen, mit denen beispielsweise die Scotchlite-Signalfolie ausgestattet ist. Durch diese Retroreflektion ist die rückgestrahlte Lichtintensität besonders groß. Mit solchen Folien ausgestattete Ausrüstungsteile lassen sich also bei starker Lichtquelle sehr weit und bei schwacher Lichtquelle immer noch deutlich genug ausmachen.

Die Abb. 15–18 zeigen, wie man ein Schlauchboot, eine Rettungsinsel oder jeden beliebigen Rettungskörper hiermit ausstatten kann.

Diese Signalfolie gibt es als Meterware im Fachhandel. So kostet bei

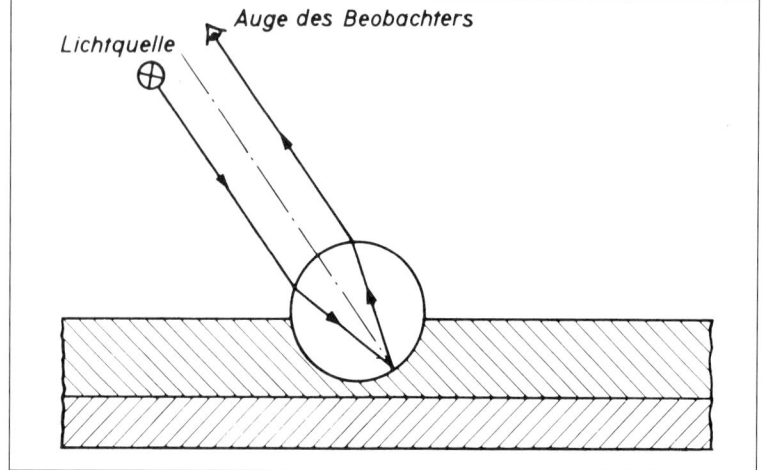

Abb. 13: Die Reflektion des Lichtes bei Reflexstoffen.

der Firma Merten, Bahrenfelder Chaussee 49, 2000 Hamburg 50, Tel. 0 40/89 40 89, diese Folie in SOLAS-Qualität als Meterware DM 10,–/m incl. MWSt., eine Rolle mit 45 m 295,– DM. Die Folien entsprechen den verbrieften Anforderungen an Rettungsmittel: Sie sind selbstklebend mit starker Anfangshaftung, beständig gegen Seewasser, Hitze, Kälte und Feuchtigkeit, gegen Öle und gegen Rißbildung.

An Bord ist aber die Verwendung dieser Leuchtbänder nicht nur zur Kennzeichnung von Rettungsgeräten und damit für einen möglichen Seenotfall nützlich. Man kann beispielsweise auch die Stützen der Seereling mit einem solchen Signalband versehen, um bei Nacht den Weg zum Vorschiff sicherer zu markieren. Es lassen sich Lüfter, Winschen und andere Ausrüstungsteile kennzeichnen, die bei nächtlichen Decksarbeiten im Wege stehen könnten, und man kann mit ihnen die Lage von Klampen, Fußblöcken und anderen Teilen des laufenden Gutes in optische Erinnerung bringen. Einmal angestrahlt, hält die Reflexionswirkung noch lange Zeit an, und auch eine bei wenig Wind

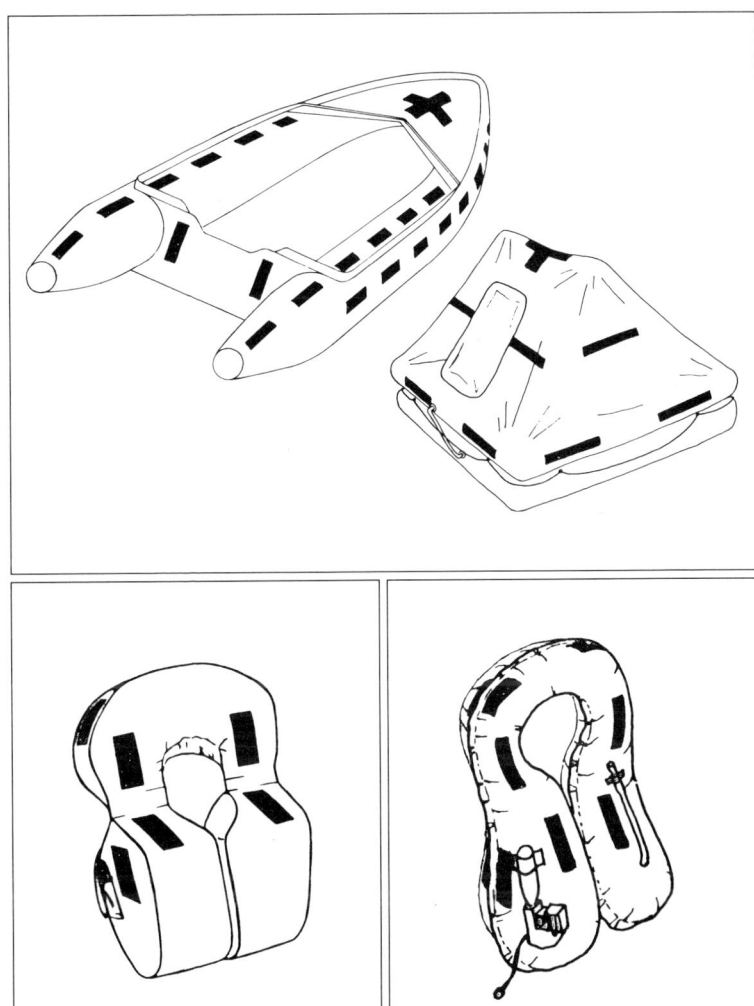

Abb. 15–18: Wie man Rettungsgeräte mit Signalfolien bekleben kann.

über der Plicht ins Achterstag gehängte Petroleumlaterne reicht aus, mit Hilfe dieser Signalfolien die Grenze jener kleinen, schwimmenden Insel nachzuzeichnen, die der Decksverlauf unserer Yacht unterwegs darstellt.

Diese Reflexstoffe können jedoch auch eine wichtige Aufgabe für die Segeltechnik erfüllen. Es ist nicht einfach, das Segel während der Nachtstunden optimal zu trimmen. Insbesondere nach Kursänderungen schafft es der Rudergänger meistens nicht allein, Großsegel und Genua auf die neue Windrichtung bestmöglich zu schoten und dann noch beide Segel richtig aufeinander abzustimmen. Ohne Anleuchten der Segelfläche kommt man dabei gelegentlich nicht aus. Die Signalfolien können auch beim Segeltrimmen ein wichtiges Hilfsmittel sein. Sie werden hierzu z. B. entlang der Achterkante der Saling und besonders im Bereich der Salingnock, gegebenenfalls am oberen Want angeklebt. Sie lassen sich auch als Trimmbänder auf den Segeln selbst befestigen, damit man den Segelbauch und die Lage des Scheitelpunktes in der Wölbung, ein offenes oder geschlossenes Achterliek sowie den Abstand des Segels vom stehenden Gut besser erkennen kann.

Auch im Bereich oder unmittelbar unter den Fadensonden oder Windfäden achterlich vom Vorliek können sie hilfreich sein. Ich habe hiermit gute Erfahrungen gemacht; denn die Haftfähigkeit auf Segeltuchen ist nicht anders als auf den Gummistoffen aufblasbarer Schwimmwesten oder Rettungsinseln – und bei Tage sehen diese roten Signalfolien auch nicht anders aus als die ähnlich breiten, vom Vor- zum Achterliek verlaufenden Trimmstreifen, die (bisher hauptsächlich Rennsegler) mehrfach auf ihren Segeln befestigt haben.

Überprüfung der Positionslaternen

Prüfen Sie vor Beginn einer Nachtfahrt (und am besten natürlich zu Beginn jeder Segelsaison), ob die Positionslaternen so befestigt sind, daß sie in den geforderten Leuchtwinkeln scheinen. Machen Sie Ihr Boot dazu am Liegeplatz (in einem Bootsstand, in einer Box) so fest, daß sie vom gegenüberliegenden Steg aus, d. h. in einem möglichst weiten Abstand, die Laternen beobachten können und stellen Sie sich zur ersten Prüfung genau in die Verlängerung der Kielrichtung, wie wenn Ihre Yacht mit „Lage Null" auf Sie zukäme. Wandern Sie dann auf dem quer zu dieser Kursrichtung liegenden Steg zur einen und zur anderen Seite und stellen fest, wie lange Sie das rote und grüne Licht noch zusammen sehen bzw. mit welcher Abweichung zur eigentlichen Kursrichtung Sie das (falsche und störende) grüne Licht zusammen mit dem (richtigen) roten Licht und auf der anderen Seite das (störende rote Licht) mit dem (richtigen) grünen LIcht sehen können.

Oftmals ist es ein Bereich von 20 bis 30°, in dem beide Farben nebeneinander sichtbar sind. Nicht selten reicht der Sektor eines Lichtes aber auch nur einseitig über den des anderen, oder die Lichter zeigen bereits einen Übergang von grün auf rot, wenn tatsächlich noch ein Fehlerwinkel von 20° besteht.

Richten Sie dann die Laternenhalterungen entsprechend aus bzw. lassen Sie die Beobachtungen von einem Helfer auf dem Steg machen, während Sie selbst den Bugkorb so zurechtbiegen, bis die Leuchtwinkel korrigiert sind.

Nicht weniger nützlich kann die Prüfung der Tragweite dieser farbigen Positionslichter sein. Man nimmt sie am besten in einer Ankerbucht vor oder testet sie gegenseitig zusammen mit einem anderen Boot auf einer gemeinsamen Nachtfahrt und dem entsprechenden Austausch der Beobachtungen über das UKW-Seefunkgerät.

Ein solcher Sichtweitetest ist in etwas rauherem Wasser und bei krängendem Boot von beträchtlichem nautischen Wert. Viele Bootseigner werden sich wundern, wie schlecht und wie spät diese farbigen Positionslichter in einer Nachtfahrt zu erkennen sind, und sie werden hieraus wertvolle Schlüsse für die Sicherheit auf See ziehen, beispielsweise: Auch bei Wegerecht die Nichterkennbarkeit der eigenen Lichter in Rechnung stellen und (wenn möglich) frühzeitig solche Verhältnisse schaffen, in denen keine Ausweichsituation hergestellt werden muß.

Nachtgläser

Ein Fernglas gehört ohnehin zur nautischen Grundausrüstung einer Fahrtenyacht. Man benötigt es aber nicht nur bei Tage, um den Namen auf einer Tonne zu lesen oder ein Toppzeichen identifizieren zu können. Bei Nacht fällt ihm außerdem die Aufgabe zu, Schatten deutlicher zu erkennen, Lichter zu suchen oder unter einem Licht die Art des Fahrzeugs auszumachen, dem wir begegnen werden.

Für die normale Tagesbeobachtung mag ein Glas „10 × 50" gut geeignet sein. Es hat einen Sichtwinkel von etwa 5°, vergrößert zehnmal und gibt mit der Lichtnummer „50" an, daß es auch zum Nachtsehen gut geeignet ist. Der Nachteil dieses Glases: Es ist recht groß, kann daher leicht beschädigt werden und liegt nicht ruhig genug in der Hand, wenn man etwas auf weite Distanz genau erkennen will. Das „klassische" Nachtglas hat die Bezeichnung „7 × 50". Bei gleicher Lichtempfindlichkeit ist der Sichtwinkel etwas kleiner. Dafür ist das Glas kompakter, und man kann auf einem Schiff im Seegang besser mit ihm arbeiten.

Moderne Nachtgläser haben heute eine schützende Gummihaut und Kappen für Okulare und Linsen. Diese sollten nach jeder Benutzung wieder aufgesetzt werden, damit die Linsen insbesondere nicht durch Seewassertropfen undurchsichtig werden. Ein spezielles weiches Tuch (vom Optiker) oder wenigstens ein Päckchen Kleenex-Taschentücher zum Säubern gehört in die Tasche jedes Nachtwächters.

Gläser mit Einzelokulareinstellung sind besser als solche mit Mitteltrieb, weil sie sich für die individuellen Sehschärfen der Augen besser einstellen lassen. Bei Mitteltrieb-Gläsern ist jedoch meistens auch ein Okular verstellbar, so daß man das Glas auch bei unterschiedlicher Sehschärfe auf beiden Augen für jeden individuellen Bedarf einrichten kann. Insbesondere bei Nachtfahrten sollte das Glas nicht in der Plicht hängen oder gar herumliegen, sondern immer um den Nacken des Ausgucks getragen werden.

Vor Beginn einer Nachtfahrt sollte jede Person der Crew mit Hilfe eines nicht zu fernen Objektes zuerst mit einem und dann mit dem anderen Auge die richtige Okulareinstellung vornehmen, die nicht immer bei „0", sondern den einen oder anderen Strich auf der Skala nach „plus" oder „minus" liegen wird. Wandert das Nachtglas in der Dunkelheit durch mehrere Hände, dann kann jeder Segler vor der Benutzung des Glases diese Werte einstellen. Erst dann wird er sicher sein, daß er tatsächlich seine Ausguckpflichten mit der optimalen Scharfeinstellung erfüllen kann – denn entsprechende Kontrollen sind in der Dunkelheit unmöglich. In schwieriger Situation sollten der Skipper oder Wachführer und der Ausguck ihr eigenes Glas benutzen.

Segeltechnik bei Nacht

Eine Nachtfahrt unter Segeln ist für mich immer das größte menschliche Erlebnis gewesen: Hoch über uns der Sternenhimmel mit einer unendlichen Zahl von Himmelskörpern, die unvorstellbar weit von uns entfernt liegen. Unter uns die See, in der unser Boot eine glitzernde Spur aus unzähligen, winzigsten Lebewesen hinterläßt, die durch die Fahrt kurzzeitig zu leuchten beginnen, und um uns die Stille zwischen diesen Ewigkeiten, nur durch die Gespräche des Windes und des Wassers mit unserem Boot unterbrochen.

So sehr sich das Erlebnis einer Nachtfahrt vom Segeln bei Tage unterscheidet, in der Segeltechnik gibt es keine Unterschiede: Die Fahrt unseres Bootes ist von der Wahl seiner Segel, ihrem richtigen Trimm und guter Rudergängerarbeit abhängig. Aber es gibt einen anderen Unterschied: Bei Tag kann der unsichtbare Wind durch Verklicker, Windbändsel und elektronische Anzeigegeräte sichtbar gemacht werden. Doch auch ohne diese läßt sich ein Segel immer richtig schoten, weil wir ja schon durch seine Formgebung erkennen können, ob es als aerodynamisches Profil wirkungsvoll arbeitet. Ein killendes Liek der Genua oder ein nach Luv ausgebeultes Großsegel, in das der Abwind eines schlecht getrimmten Vorsegels hineinweht, zeigen uns auch ohne Meßgeräte, wenn wir segeltechnisch Fehler machen.

Auf einer Nachtfahrt fallen diese Möglichkeiten optischen Erkennens leider aus. Der Sichtbereich, in dem wir uns auf unsere Augen allein verlassen können, endet schon wenige Meter vom Rand der Plicht und unserem Arbeitsplatz entfernt. Körper werden nur zu Schatten. Entfernungen lassen sich kaum noch schätzen. Die Dunkelheit verbirgt jene Teile der Segel, an denen wir uns bei Tageslicht für einen optimalen Kurs zum Wind orientieren. Und auch das Anstrahlen von Lieken oder Verklickern muß entfallen, weil der Vorteil sekundenlangen Bessersehens durch die Nachteile einer minutenlangen Nachtblindheit des geblendeten Auges nicht gegeben ist.

Mit einer guten Vorbereitung kann man jedoch sowohl die Crew als auch das Boot so vorbereiten, daß auch bei Nacht schnell und sicher gesegelt werden kann – oder daß zumindest unter allen Bedingungen unser Boot problemlos unter Segeln dahingleitet und sich auf einer Nachtfahrt seinem Fahrtenziel nähert, während wir das Ruder halten, mit der Wache in der Plicht sitzen und Gespräche führen oder nur beschaulich unseren Gedanken nachhängen.

Alle Segel und Segelteile deutlich markieren

Die segeltechnische Vorbereitung des Nachtsegelns beginnt mit vielen Einzelheiten. Zuerst gehört die Bezeichnung jeder Segelecke dazu, damit das Anstecken eines neuen Segels beim Segelwechsel schnell und zuverlässig erfolgen kann. So kann man beispielsweise den Kopf mit ,,K'' oder ,,1'', den Hals mit ,,H'' oder ,,2'' und das Schothorn mit ,,S'' oder ,,3'' bezeichnen, entsprechend den Anfangsbuchstaben oder der Wichtigkeit der Ecken. Hierzu benutzt man einfach wasserfeste Stifte. Bei neuen Segeln kann man sich gegebenenfalls bereits die Tuchdopplungen der betreffenden Segelecken in unterschiedlichen Farben, aber für alle Segel einheitlich nähen lassen. An jeder dieser Segelecken sollte auch der Name des Segels selbst vermerkt werden, beispielsweise ,,Genua II'' oder ,,Fock I'', weil man nicht immer weiß, welche Segelecke man zuerst in die Hand bekommt. Sinngemäß ist auch jeder Segelsack zu kennzeichnen, am besten rund um den Bauch und am Boden, damit man die Kennzeichnung bei jeder Lage des Segelsacks in der Last auch mit schwachem Taschenlampenlicht erkennen kann.

Alle Windfäden unterschiedlich befestigen

Diese kurzen Streifen sehr leichten Nylontuchs, die man einfach auf das Segeltuch kleben, oder fingerlange Wollfäden, die mit einer Stopfnadel durch das Segeltuch gezogen und mit einem Überhandknoten auf beiden Seiten festgehalten werden, dienen bekanntlich dazu, daß man bei Tage den Wind „sehen" kann. Mit ihrer Hilfe kann der Rudergänger auch erkennen, ob an den Segeln eine optimale Luftströmung herrscht und das Boot damit seine größte Leistung erbringt. Erfahrungsgemäß sind diese Fadensonden etwa 10 cm hinter dem Vorliek jedes Vorsegels befestigt, und sie liegen dann auf beiden Seiten in gleicher Höhe.

Für die Bedingungen der Nachtfahrt ändere man diese Position vom Beginn der Benutzung an: Man befestige die Windfäden einheitlich auf der Steuerbordseite etwa eine Hand lang unter denen der Backbordseite (Abb. 19). Wird das Segel beispielsweise vom Mondlicht beschienen oder kurzzeitig von einer Taschenlampe angestrahlt, kann man nur durch diese Anordnung erkennen, auf welcher Segelseite die Luftströmung richtig anliegt (und die Windfäden glatt auswehen) und wo sie abreißt (und die Fäden flattern). Liegen sie beidseitig auf identischer Höhe, ist dies mit einem kurzen Blick auf lange Distanz bei schlechter Beleuchtung nicht festzustellen.

Auch Windfäden am Achterliek des Großsegels, die einfach an den Segellatten befestigt werden, helfen die Luftströmung bei Nacht zu kennzeichnen; denn das Achterliek liegt näher zum Platz des Rudergängers als das Vorliek und ist daher besser zu erkennen. Wenn ein Segel richtig getrimmt ist, muß der Wind frei und gradlinig das Achterliek sowohl an der Luv- wie an der Leeseite verlassen, und die etwa

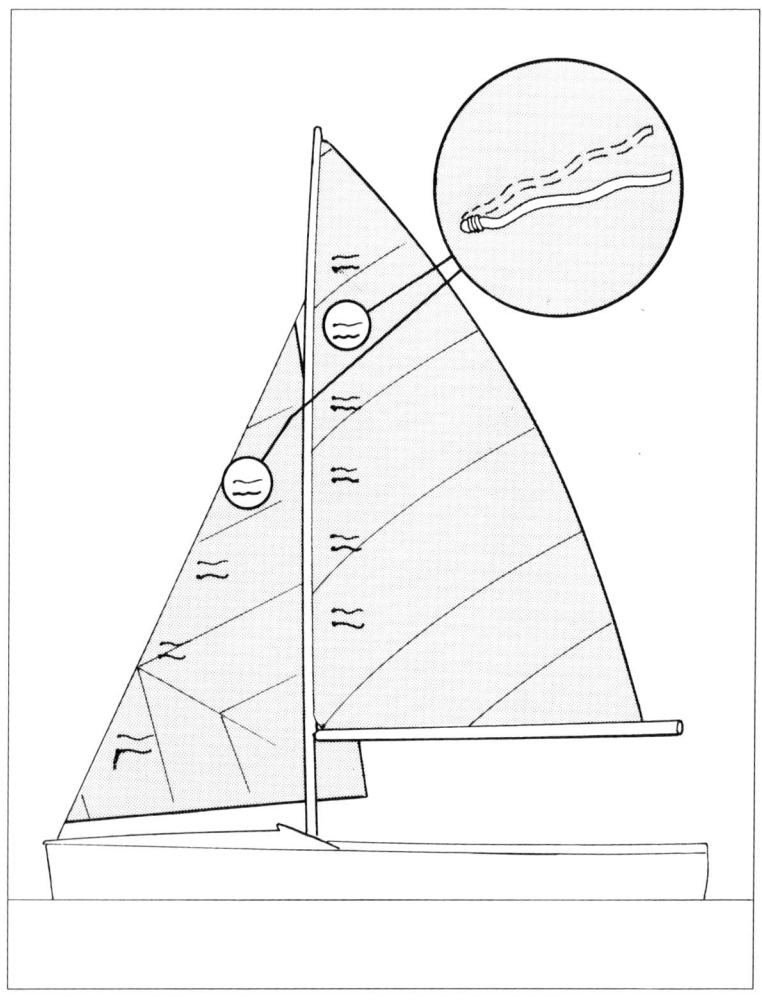

Abb. 19: Die Windfäden werden an beiden Segelseiten auf unterschiedlicher Höhe befestigt.

15 cm langen Windbänder von doppelter Fingerbreite müssen frei wehen.

Signalfolien kennzeichnen die Segelwölbung

Bei Tage haben die meist dunkelfarbigen Trimmleisten die Aufgabe, Segelwölbung und Segeltrimm auf meistens drei unterschiedlichen Höhen auf einen Blick darzustellen. Sie verlaufen hierzu parallel zum Großbaum bzw. zum Unterliek des Segels in der Breite eines Saumes und vom Vorliek zum Achterliek.

Für Nachtfahrten kann man diese Trimmstreifen aus der auf Seite 11 genannten Signalfolie wählen und auf beide Segelseiten aufkleben. Durch die Reflexion des Mondlichtes sieht man sie dann deutlicher als einfache Tuchstreifen, und in einer stockdunklen Nacht reflektieren sie auch das Licht einer abgeblendeten Taschenlampe noch wirkungsvoll längere Zeit.

Alle wichtigen Leinen durch „Blindenschrift" kennzeichnen

Man kann die verschiedenen Fallen, Topnanten und andere wichtige Leinen, die am Mast angeschlagen sind, natürlich durch unterschiedlich geschlagenes und eingefärbtes Tauwerk kennzeichnen. In einer dunklen Nacht kann man sie jedoch nur unterscheiden, wenn man typische Merkmale ertasten kann. Insbesondere bei Booten, die mehrere Vorsegel an zwei Fockstagen setzen, dazu noch den Spinnaker fahren und im Vorsegeldreieck ein Sturmsegel führen können, muß jedermann wissen, wo die holende oder die feste Part angeschlagen ist und welcher Fallenschäkel zu welchem Ende gehört, das an einer Klampe belegt ist.

Es zahlt sich auch für die Tages-Seemannschaft aus, wenn man nicht die beiden Tampen eines Falls auf einer Klampe belegt, sondern hier nur die holende Part haltert, während der Schäkel für die Kopfbefestigung des Segels getrennt an einem Augbeschlag angesteckt wird. Wer nicht bereits beim Bau des Mastes hieran denkt oder einen Mastfußbeschlag benutzt, der entsprechende Ausnehmungen hat, kann auch nachträglich Augplatten tief unten am Mast mit Nieten befestigen oder einen, nach unten zusätzlich gesicherten zugfesten Bügel anbauen, an dem alle Fallenschäkel nebeneinander angepickt werden.

Verwendet man beispielsweise einen Patentschäkel für das Spinnakerfall und einen Fallenschäkel für die Genua, dann ist eine Unterscheidung schon durch die Endbeschläge gegeben. Anderenfalls muß man sich merken, daß beispielsweise die Vorsegelfallen an jeder Seite außen, die Spinnakerfallen innen und spezielle Leinen wie Topnanten ganz innen gefahren werden. In diesem Falle könnte man einheitlich mit Schnappschäkeln arbeiten.

Eine andere Möglichkeit besteht darin, unterschiedlich dicke Fallen zu verwenden, doch ist eine solche Unterscheidung durch die Fallscheiben einheitlichen, gleichen Durchmessers, die der Mastenhersteller anordnet, meistens nicht gegeben. Ich habe statt dessen Kabelbinder benutzt, die entweder am Schäkel selbst oder in der Kausch befestigt sind, in die der Schäkel eingebunden ist. Für diesen Zweck am besten geeignet sind fingerbreite, mittelsteife Kunststoffbinder mit einem Patentverschluß, mit denen man auch millimeterdicke Rundkörper aus Stahl unverlierbar umschließen kann. Der lange, überstehende Rest wird einfach abgeschnitten. Wahlweise kann man faden- und bandartige Binder benutzen und auch mehrere von ihnen gleichzeitig verwenden. Farbiges Tesaband, das sich für den gleichen Zweck anbietet, müßte gelegentlich erneuert werden, weil es nur klebt. Wenn man sich schon (zusätzlich) zur farbigen Kennzeichnung des Tampens für den Segelkopf entscheidet, sollte man einfach Ringe aus wasserfesten Farben um das Tauwerk malen.

Kontrollmarken an Mast und Fallen, wenn das Segel gesetzt ist

Bei Nacht kann man nicht erkennen, wann das Segel richtig gesetzt ist und der Kopf unmittelbar vor der Fallscheibe hängt. Diese Meldung kann man aber auch durch das Fall selbst erhalten: Man malt einen schwarzen Ring wie ein Vermessungsband in Brusthöhe rund um den Mast und kennzeichnet das Fall durch einen schwarzen Farbring an der gleichen Stelle, wenn das Segel ordnungsgemäß gesetzt und das Fall kräftig durchgeholt ist. Bei Nacht muß man dann nur auf diese Fallmarke achten und mit dem Belegen beginnen, wenn der Fallstrich genau über dem Maststrich liegt. Man läuft dann nicht Gefahr, daß ein Fall über ein gegebenes Maß hinaus angeheißt, hierbei der Schäkel oder das Terminal eines Drahtfalls in die Scheibe hineingeholt wird und das Fall hierbei zu Blocks kommt.

Bei einer Rollreffanlage markiert man das Unterliek des Vorsegels mit entsprechenden Meßmarken, um die Größe der eingerollten oder verbleibenden Fläche bei der Arbeit richtig bemessen und nachher besser erkennen zu können. Dabei kann man wahlweise entweder das Unterliek in 10 gleichlange Abschnitte teilen, die dann jedoch unter-

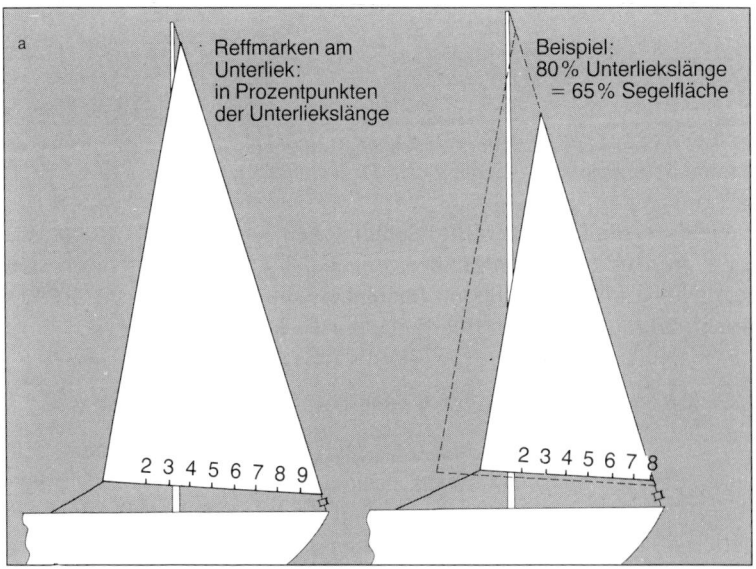

Abb. 20: Kennzeichnung des eingerollten Teiles eines Rollvorsegels durch gleichlange Teile am Unterliek.

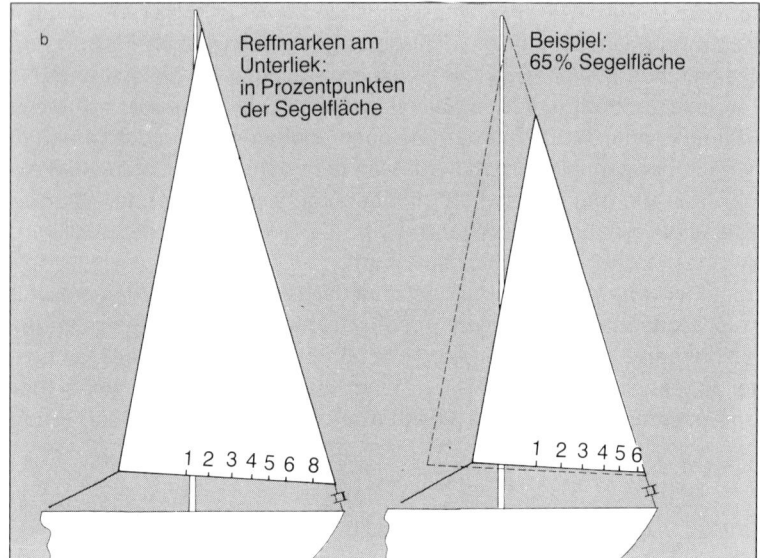

Abb. 21: Kennzeichnung der eingerollten Segelfläche eines Rollvorsegels durch Markierung in Prozentpunkten der Segelfläche.

schiedlich große eingereffte Segelflächen kennzeichnen, oder die Markierungen in Prozentpunkten der Segelfläche in sorgfältig ausgerechneten, unterschiedlichen Abständen anbringen (Abb. 20 und 21). Auch dies ist ein Tip, der für Tagesfahrten nützlich ist.

Richtige Stauplätze für alles Geschirr

Wir leben an Bord nach dem Grundsatz: „Einen Platz für jedes Teil, und jedes Teil an seinen Platz!" Damit ist eigentlich alles zum Verstauen und Aufräumen gleichermaßen gesagt: Die Winschenkurbeln gehören bei Nacht auf beiden Bootsseiten in die Winschenköpfe hinein, wenn sie nicht in den entsprechenden Taschen stecken. Gummistropps und Zeisinge sind an der Steuersäule befestigt. Der Arbeits-

beutel mit Werkzeug und Reserveteilen hängt griffbereit am Nieder-
gang. Pumpenhebel sind mit Karabinerhaken gesichert, Reservelei-
nen unterschiedlicher Länge und Dicke hängen in der Backskiste, und
so weiter.

Licht muß nicht sein, aber man muß leuchten können

Man wird immer wieder erstaunt sein, wie sehr sich das Auge an die
Dunkelheit gewöhnen und wie gut man die gewohnte Umgebung an
Bord erkennen kann, selbst wenn nur der Sternenhimmel über uns
steht. Spendet uns der Mond zur Vollmondzeit sein ganzes Licht oder
leuchtet er uns bei Halbmond wenigstens in einer Hälfte der Nacht,
dann ist das Rigg bis hinauf zum Masttopp und auch die See um uns
herum fast mühelos erkennbar. Vorsorge ist nur für eine regendunkle

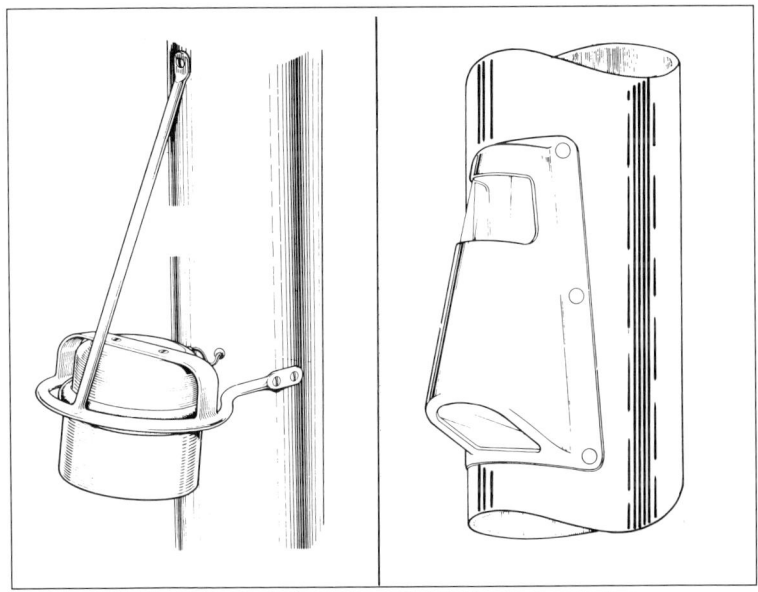

Abb. 22: Mastleuchten in Salinghöhe nützlich für Decksarbeiten.
Abb. 23: Mit solchen Laternenkombinationen sollte man auch zum Masttopp
leuchten können.

41

Nacht und für unerwartete Manöver zu treffen, die nicht routinemäßig ablaufen können.

Auf meiner Ketsch habe ich Salingleuchten an Großmast und Besanmast installiert, die entweder nur das Vordeck oder nur die Mittelplicht und das Achterschiff erhellen können, falls es darauf ankommt. Diese Mastleuchten in Salinghöhe (Abb. 22) haben jedoch einen Nachteil: Sucht man einen Fehler im oberen Bereich des Riggs, helfen diese nach unten gerichteten Flutlichter nicht. Man muß sie ausschalten, weil sie beim Blick nach oben blenden und dadurch stören. In diesem Falle schalten wir unsere Rundumlaterne auf dem Masttopp an, die wir zur Lichterführung als Kleinfahrzeug und als Ankerlaterne gleichermaßen verwenden. Besser wäre es, wenn man eine zweite, um 180° gedrehte Salingleuchte über der ursprünglichen Laterne anbringen würde, die dann nach oben scheint. Eine Anregung für die Laternenhersteller, eine solche Kombination nicht nur für Salingleuchte und Dampferlaterne (Abb. 23), sondern als Dreifachlaterne in vertikaler Richtung anzubieten. Auf kleineren Yachten ist ein Windex-Licht auf dem Masttopp (Abb. 24) für den Segeltrimm bei Nacht nützlich.

Bei uns bleibt sonst nur die Möglichkeit, mit unserer ,,schwarzen Lampe'', einem kräftigen, aus der Bordbatterie aufladbaren Handscheinwerfer in die Mastspitze zu leuchten. Dabei beachten wir jedoch, den Scheinwerfer so hoch wie möglich über den Kopf zu heben, damit niemand ungewollt in die Lichtquelle blickt und mit einer Blendpause bestraft wird.

Sehr praktisch sind elektrische oder Petroleum-Vollkreislaternen, die man über der Plicht, aber außer Handreichweite der Crew zu einem Block am Achterstag aufheißt, wenn es dunkel wird. Verbindet man den Laternenboden mit einer bis zum Seitendeck geführten Halteleine, hängt die Laterne auch bei stampfendem oder krängendem Boot ruhig genug. In dieser Position dient sie nicht nur zur Kennzeichnung des Bootes entsprechend den Bestimmungen der Lichterführung, sondern sie erhellt auch Boot und See rund um die Plicht mit einem angenehmen, matten Schein.

In die Tasche jedes Nachtwächters gehört eine Taschenlampe, die

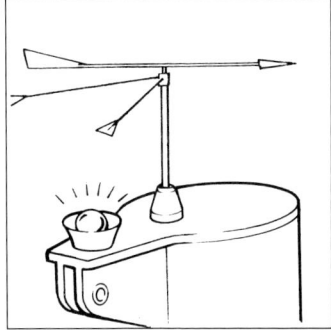

Abb. 24: Windex-Licht auf dem Masttopp.
Abb. 25: „Blitzboy", ein spezielles Seenot-Blitzlicht für die Crew.

wasserdicht sein kann, aber nicht muß. Wichtiger ist ein Ring mit einem ausreichend großen Karabinerhaken, dessen Öffnung so bemessen ist, daß man die Lampe auch seitlich am Sicherheitsgurt, überall am Mast sowie am Bug- oder Heckkorb überhaken kann. Die angeschaltete Lampe kann dann auch in dieser Hängeposition Licht spenden, wenn man beide Hände zum Arbeiten braucht.

Für Mann-über-Bord-Manöver wird diese Taschenlampe nicht benötigt. Hierzu hat jeder unserer Crew einen „Blitzboy" (Abb. 25) in der Tasche. Dies ist ein spezielles Seenot-Blitzlicht, das einen Unfallort deutlicher und längere Zeit bekanntgeben kann, als es die kräftigste Taschenlampe vermöchte. Es kann 6 Stunden lang einen Blitz pro Sekunde abgeben, der noch in gut 5 Seemeilen Entfernung auszumachen ist.

Kajüte gut abblenden

Damit die Wache die Yacht bei Nacht nicht nur gut führen, sondern auch sicher segeln kann, darf auch das Innenlicht nicht blenden. In

43

die Plicht gerichtete Fenster sollten lichtundurchlässige Gardinen erhalten. Das Steckschott für die Kajüte muß eingesteckt sein, wenn unten Licht brennt. Bei uns an Bord haben wir neben den „hellen" Kajütleuchten für die Hafentage einen zweiten Satz Leuchten installiert, die mit rotgefärbten Soffitten bestückt sind. Sie geben den Innenräumen die ausreichende Helligkeit einer Dunkelkammer, wenn man sich dort anziehen oder bewegen muß, und beeinträchtigen die Nachtsichtigkeit der Wache nicht, selbst wenn man zufällig in diese Rotlichtleuchte blickt. Sie erhellen auch den Kartenraum, wo der Navigator arbeitet. Die nautischen Geräte wie Log oder Lot, Hauptkompaß oder alle elektronischen Ortsbestimmer zeigen ihre Werte ohnehin auf Leuchtfeldern an; sie bedürfen keines zusätzlichen Scheins. Auf der Karte steht eine breitflächige Kartenlupe mit einem Arbeitsbereich von 10 × 10 cm mit integrierter Beleuchtung (von Watzki), die man hin- und herschieben kann. Bei ihrer Benutzung paßt sich auch das Auge des Navigators ohne Blendverzögerung schnell wieder an das Nachtdunkel an.

In einer mehrköpfigen Crew und besonders unter der Besatzung einer Rennyacht gibt es immer den einen oder anderen Segler, der über eine ganz besondere Fähigkeit zum Nachtsegeln verfügt. Das ist jener Instinkt, mit allen Sinnen nicht nur Richtung und Stärke des Windes deutlicher als andere zu fühlen, sondern auch das Vermögen, ein nur schemenhaft erkennbares Segel auf einen unsichtbaren Wind zu trimmen und das Boot mit leichter Hand am Ruder schneller laufen zu lassen, als es bessere Tagessegler können.

Ist diese Möglichkeit nicht gegeben, bleibt es gar nicht aus, gelegentlich die Segel anzuleuchten, wenn man sich in einem Rennen befindet, um wirklich schneller als die anderen zu segeln. Dazu wird oft ein Vorschotmann bei leichtem und mittlerem Wetter seinen ständigen Platz im Bugkorb einnehmen und in vereinbarten Zeiträumen oder ständig am Vorliek entlang oder diagonal über das Segel mit einer Stablampe leuchten. Bei einer zweiköpfigen Nachtwache werden sich die beiden Segler nicht nur um Kurshalten und Segeltechnik bekümmern können. Einer von ihnen wird die wichtige Arbeit des Ausgucks übernehmen müssen. Die bunten Positionslichter anderer Boote kommen in Minutenschnelle in Sicht, und die tief bis zum Deck hinuntergezogenen großen Vorsegel schaffen einen weitflächigen „toten Winkel" in Fahrtrichtung. Wichtiger als optimale Ausnutzung der Windkraft mit den Segeln ist das sichere, schiffahrtgerechte Verhalten sowie sorgfältige Navigation, insbesondere im Küstenbereich und in der Nähe von Dampfertracks.

Nachtwache: Skipperpflicht, Aufgabe für Spezialisten oder überlappende Rotation?

In der Berufsschiffahrt gehört es zu den Pflichten eines ordentlichen Schiffers, daß sich der Kapitän auf der Brücke befindet, wenn das Wetter unsichtig wird, wenn sich das Schiff der Ansteuerung eines Hafens nähert, wenn der Lotse erwartet wird, wenn es zu Begegnungen mit anderen Schiffen an wichtigen Wegepunkten kommt, wenn die Wetterlage es erfordert – und natürlich in der Dämmerstunde zu Beginn oder am Ende der Nacht. Auch wenn er dann nicht immer die Führung seines Schiffes selbst übernimmt, ist er für den wachhabenden Offizier sowohl beratend als auch beaufsichtigend immer präsent. Ein solcher Brückendienst des Kapitäns eines Frachters oder Tankers kann manchmal viele Stunden lang dauern, und wenn auch die Wache in dieser Zeit ganz routinemäßig wechselt, muß der Kapitän immer auf seinem Posten bleiben. Dafür hat er jedoch die Möglichkeit, seinen vorhergehenden Tagesrhythmus als „ständiger Freiwächter" so einzurichten, daß er zu Beginn einer solchen Langwache mit oft unvorhersehbarem Ende ausgeruht und ausgeschlafen seine verantwortliche Leitung oder Aufsicht übernimmt.

Das Gleiche trifft für einen Yachtskipper für eine Nachtfahrt vor allem in küstennahen europäischen Revieren zu, durch die hauptsächlich die Kurse aller fahrenden Schiffe und Yachten führen: Auch er muß es so einrichten, daß er sich bei Beginn der Nacht ausgeruht und wohl vorbereitet in die Plicht setzen und hier gegebenenfalls sogar bis zur Morgendämmerung verantwortlich und aktiv segeln und navigieren kann. Natürlich ist eine solche sechsstündige Nachtschicht recht lang und aus vielerlei Gründen nicht nur sportlich anstrengend. Aber dafür kann der Skipper die vorangegangene und nachfolgende Tageswache mit seiner Besatzung auch so organisieren, daß er die eigenen notwendigen Schlaf- und Ruhepausen vor und nach seiner langen Nachtwache in der ihm angemessenen Länge erhält.

Ein „normaler" Fahrtensegler, dessen übliche Ziele rund um die Ostsee oder das Mittelmeer liegen, kann sich hierbei von jedem dogmatischen Wachrhythmus, der in der Schiffahrt gilt und auch von vielen Yachtbesatzungen bei Fahrten über den Atlantik benutzt wird, getrost lösen. Denn meistens ist es nur eine einzige Nacht, die er hindurchsegeln muß, wenn er beispielsweise von Fehmarn nach Bornholm schippert oder von Mallorca nach Sardinien startet. Selbst die längsten Kurse ohne Liegemöglichkeiten, beispielsweise von der Elbmündung nach Schottland oder von England nach Spanien über die Biscaya, dauern auch für ein kleines Boot erfahrungsgemäß nicht länger als fünf bis sechs Tage und Nächte.

Gerade bei solchen nächtlichen Küstenfahrten in der Ostsee und im Kattegat, im Ärmelkanal und in der Ägäis treffen die eingangs genannten Bedingungen zu, die den Aufenthalt des Skippers in der Plicht dringend geboten erscheinen lassen: Wir erleben Schiffsverkehr an Landmarken, Fischerflotten bei nächtlicher Arbeit, Navigation nach Tonnen und Leuchtfeuern, nautische Entscheidungen in unsichtigem Wetter – und alles zusätzlich zu der ohnehin schwierigen Seemannschaft und Segeltechnik im Dunkeln.

Ich will hier nicht die vielen Möglichkeiten einer Wacheinteilung bei einem Eignerpaar oder einer mehrköpfigen Crew und dazu noch unter Beachtung von guten „Nachtsehern" und erfahrenen „Nachtwächtern'' unterschiedlicher Zahl in einer Crew vorschlagen. Es muß schon aus Platzgründen genügen, daß ich Ihnen meine eigenen Nachtwache-Prinzipien vorstelle, die sich (jedenfalls bei uns an Bord) als optimal erwiesen haben:

Segle ich mit meiner Frau allein unter den oben genannten Bedingungen, dann führe ich unseren ,,Cormoran'' während der gesamten Nacht. Die Zeit der Dämmerung bestimmt nicht nur die Länge der Nachtwache, sondern auch die Zeit des Wachwechsels. Ich habe im Abschnitt ,,Lange und kurze Nächte'' nachgewiesen, daß diese Wachzeit im allgemeinen nicht länger als sechs Stunden dauern muß. Diese Zeit halte ich aber (auch in nassen und kalten Nächten) eisern durch, weil ich meiner Frau mindestens die gleiche, für eine Nachtruhe ausreichend lange Zeit gönnen muß. Denn ihre Kondition bürgt ja dafür, daß ich meine Ruhepausen vor und nach dieser Nachtwache ebenfalls ungestört ausnutzen kann.

An dieser Wachzeit, die zu völlig ,,krummen'' Uhrzeiten beginnt und endet, weil sich ja auch die Dämmerung nicht nach einem Zeitzeichen richtet, orientiert sich der Wachrhythmus des Tages, zum Beispiel: Ruth wahrschaut mich bei Sonnenuntergang um 2115 Uhr, damit ich um 2130 in der Plicht stehen und die Wache mit Sicherheitsrunde und allen übrigen Vorbereitungen übernehmen kann (Abb. 26a). Sie geht gegen 2200 in die Koje. Wird sie gegen 0430 nicht selbst wach, wecke ich sie und lege mich nach der Wachübergabe schlafen. Da ich eigentlich ein Frühmensch bin, hält meine Ruhepause meistens nur bis gegen 0900 an. Der weitere Wach- und Ruherhythmus ergibt sich nach

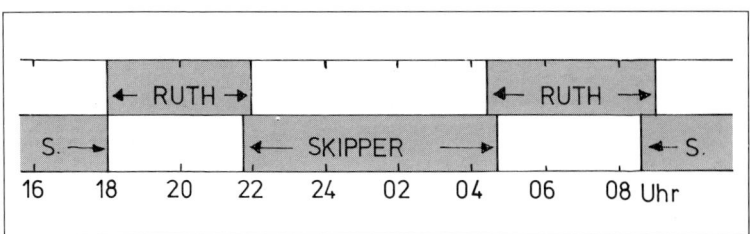

Abb 26a: Nachtwache einer Ehepaar-Crew.

der Wetterlage – jedoch mit einer Ausnahme: Pünktlich um 1800 erhalte ich Kojenruhe verordnet, auch wenn ich nicht müde bin. Denn zum Beginn meiner langen Nachtwache nach 2100 muß ich ausgeruht und in guter Kondition sein. Mit Hilfe des „autogenen Trainings", einer Entspannung in Geborgenheit, kann man auch zu Tageszeiten, in denen sonst die Höhepunkte der Aktivität liegen, neue Kraft tanken. Begleiten uns unsere verheirateten Kinder oder ein befreundetes Ehepaar, so daß zwei Personen mehr an Bord sind, variieren wir den Wachplan zum oben genannten Wachrhythmus des Eignerpaares wie folgt (Abb. 26b): Wir lassen die beiden zusätzlichen Crewmitglieder in vierstündigen üblichen Seewachen parallel zu unserem „Sonderrhythmus" ihre Pflichten übernehmen. Dadurch hat nicht nur der Nachtwächter Gesellschaft, sondern es kommt auch zu einer Überlappung des Wachwechsels und damit zu jener notwendigen, längeren Anpassung des Auges und Hineinwachsens in die Verantwortung, wie sie aus Gründen der Schiffssicherheit wünschenswert ist. Smut und Skipper erhalten dadurch einen besseren Spielraum für die Erfüllung ihrer Tagespflichten, jedoch wird die in Abb. 26a gezeigte Nachtregelung von 1800 bis etwa 1000 Uhr genau eingehalten. Durch die getrennten Schlafplätze des einen und des anderen Paares in Vorder- und Achterkajüte kommt es auch nicht zu mehr Störungen, als sie sich durch den Wachwechsel mit dem Partner ergeben.
Den Namen „überlappende Rotation" möchte ich für diese „familiäre" Regelung nicht einführen. Die Bezeichnung könnte jedoch für den oben genannten Wachwechsel von vier Personen annähernd gleicher

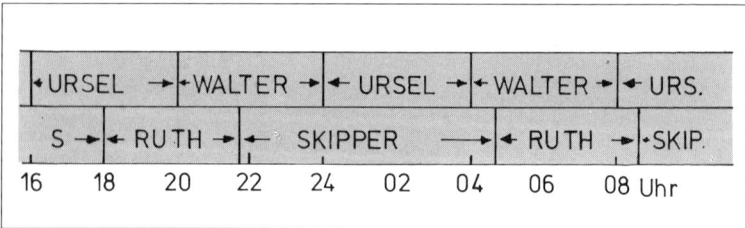

Abb. 26b: Nachtwache einer Crew aus zwei Ehepaaren.

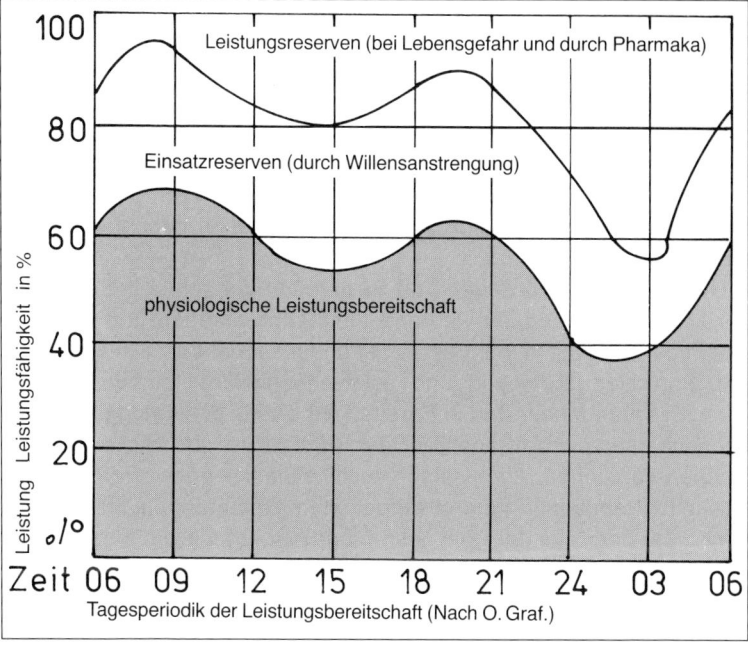

Abb. 27: Kurve der Leistungsbereitschaft eines Menschen im Tagesverlauf.

seglerischer Erfahrung und körperlicher Leistungsfähigkeit gelten.
Man kann dieses Wachsystem (zumindest für die Nacht mit ihren
Randstunden) aber auch bei Ehepaaren anwenden, so daß dann
grundsätzlich ein Segler und eine Seglerin unter Beachtung der
Wachwechsel-Forderungen ausreichend langer Anpassung an die
Dunkelheit in der Plicht sind und jeder einmal als Verantwortlicher
zeichnet:
Abb. 29 (siehe Seite 65) veranschaulicht mehr, als man mit Worten
beschreiben kann, wie ich diese überlappende Rotation verstehe.
Wenn hierin A und C die männlichen Besatzungsmitglieder sowie B
und D die Seglerinnen sind, ist jederzeit ein konditionsstarkes und ein

schwächeres Besatzungsmitglied während der Nacht gemeinsam in der Plicht.

Ginge man von vier erfahrenen Seglern aus, würde man den beiden mit der besten Nachtsehfähigkeit die Wachen B und D übertragen (oder A und C), weil dadurch von 2200 bis 0600 bzw. von 2000 bis 0400 Uhr) optimale Bedingungen für Ausguck und Segeltechnik geschaffen sind.

Wie auch immer man seine Einteilung wählt, man beachte zwei Regeln:

• Unter schwierigen Segel- und Revierbedingungen sollte der Skipper seine Haupttätigkeit während der Nacht ausüben und in dieser Zeit in der Plicht sein, damit er in Sekundenschnelle eine eingetretene Situation klar übersehen und geistesgegenwärtig richtig handeln kann. Er kann dabei ruhig in Bereitschaft sitzen, d. h. auch einmal mit hochgeschlagenem Kragen in der Plichtecke ein Nickerchen zu machen versuchen. Auch seine geschlossenen Augen sind dann der Dunkelheit angepaßt. Wird er hingegen im Gefahrenfalle aus der hellen Kajüte oder aus der Koje geholt, braucht er mehrere Minuten, um eine Lage zu erfassen – und das kann oft eine Minute zu lang sein.

• Wie hart auch immer das Wetter und wie gefahrenträchtig eine Situation ist, wenn unsere Yacht beispielsweise einen Schiffahrtsweg kreuzt, auf See beigedreht hat oder mit dem Wind im Nacken unter Sturmbesegelung dahinprescht: Nach einer langen Tagesfahrt oder sogar nach einer mehrtägigen Anstrengung muß der Skipper sich vor Sonnenuntergang eine zweistündige Ruhepause gönnen, ehe er die lange Nachtwache übernimmt. Zur Verantwortung eines ordnungsgemäßen Yachtschippers gehört, daß er seine Kondition nicht bei Tageslicht vergeudet, sondern in jedem Falle seine Nachtwache durchhält. Bei Tageslicht muß eine mögliche Gefahrenlage nicht einfacher zu bewältigen sein. Aber jedermann sieht, was passieren kann oder passiert ist, und er kann in vertrautem Licht und in einer sichtbaren wie greifbaren Umgebung selbst noch geringe Kräfte einsetzen, vor allem aber sich selbst helfen und schützen. Bei Nacht ist mancher Segler keine Hilfe an Deck.

Ich will hier nicht eine Selbstverständlichkeit als Regel nennen: Freiwächter, Kinder und Gäste gehören zur Nachtfahrt in die Kajüte, wo
sie sich zum Schlafen in die Kojen legen müssen. Jede Person zu viel
auf dem nachtdunklen Oberdeck einer Yacht gefährdet sich selbst
und die Sicherheit der Yacht dazu. Diese Forderung schließt nicht aus,
daß bei jeder Brise auch zwei Freiwächter (je nach Bootsgröße) mit
eingepickten Sicherheitsgurten hin und wieder eine Stunde lang den
Zauber der Nachtfahrt genießen, den Sternenhimmel beobachten
oder an der Navigation im Dunkeln teilnehmen können.

Die körperliche Leistungsfähigkeit richtig einschätzen

Die Einteilung zu den Nachtwachen muß auch unter dem Gesichts-
punkt der (physischen und psychischen) Leistungsfähigkeit der einzelnen Besatzungsmitglieder betrachtet werden. Hier kommt es nicht
nur auf die körperliche Leistungsfähigkeit an, worunter man die Fähigkeit des Menschen versteht, seine Muskeln einzusetzen, sondern
auch die Leistungsbereitschaft, mit Willenskraft gegen Ermüdung
anzugehen und die Kenntnisse und Fertigkeiten in der Navigation und
der Segeltechnik, beim Ausguck und in der Seemannschaft nach
Mitternacht und in Nässe oder Kälte genauso aktiv einzusetzen wie am
Tage und in warmem Sonnenschein.
Diese individuelle Leistungsfähigkeit ist erfahrungsgemäß bei einzelnen Seglern unterschiedlich, und sie ist natürlich bei einer Frau oder
einem Kind anders als bei einem erwachsenen Mann. In der täglichen
Segelpraxis findet sie oft darin ihren sichtbaren (und somit auch
quantitativen) Ausdruck, daß bei einer gegebenen Anforderung der
eine mehr Reserven einsetzen kann und der andere früher ermüdet,
wenn es um das Durchhalten oder die Belastung einer langen Wache
geht, und mancher seinen Dienst abbrechen muß, wenn es eigentlich
auf jede Hand ankommt.
Abb. 27 zeigt die Kurve der Leistungsbereitschaft eines Menschen in
der üblichen Periodik des Tages zusammen mit den Leistungsreserven, die er gegebenenfalls freimachen kann. Wie viele dieser Lei-

stungsreserven eingesetzt werden können, ist hierbei sowohl von der Motivation oder dem „psychologischen" Leistungswillen als auch von der „physiologischen" Leistungsfähigkeit abhängig. Je größer die maximale Leistungsfähigkeit im Verhältnis zu einer durchgeführten oder geforderten Leistung ist, umso größer sind auch die Leistungsreserven des Menschen. Daraus ergibt sich, daß auch ein Segler eine gute körperliche Kondition haben muß, d. h. seine körperliche Fitneß durch Schwimmen, Laufen, Radfahren und andere Bewegungs- und Kraftübungen erhalten muß. Die Seekrankheit kann die Leistungsbereitschaft oft vollkommen eliminieren.

Abb. 27 zeigt weiter, daß die physiologische Leistungsbereitschaft nicht konstant, sondern von der Tageszeit abhängig ist. Die natürlichen Maxima liegen auf dieser zweigipfligen Kurve gegen 0900 und 1900 Uhr, die natürlichen Minima um 1500 und 0300 Uhr. Insbesondere die „Täler" der Kurve zeigen die (möglichen) natürlichen Müdigkeitszeiten nach dem Mittag und während der Nacht.

Wer als Segler bei Nacht von 2200 bis 0400 Uhr eine Yacht verantwortlich führt, muß seine Arbeit nicht nur unter den schwierigeren Bedingungen von Dunkelheit und Kälte ausführen. Er muß alle Tätigkeiten und Entscheidungen auch oft mit einer besonderen Willensanstrengung vornehmen und hierzu gelegentlich Einsatzreserven mobilisieren, die am Tage nicht in Anspruch genommen werden müssen. Geht man davon aus, daß sportliches Segeln unter den spezifischen Sommerbedingungen an Bord (selbst mit Bewertung von Streßsituationen und körperlicher Arbeit beim Ankern oder Segelwechseln) nur etwa 40 bis 50% der Leistungsfähigkeit erfordert, dann sehen wir, daß diese Leistung bei Tage ohne Willensanstrengung oder psychische Belastung erreicht werden kann. Bei Nacht sind (bedingt durch die Tagesperiodik der Leistungsbereitschaft eines Menschen) hierzu ganz zwangsläufig mit seiner Willenskraft seine Einsatzreserven zu mobilisieren.

Kommt es bei Tage zu Notsituationen, in denen man auf diese Leistungsreserven zurückgreifen muß (z. B. wenn 70% Leistung : Leistungsfähigkeit gefordert sind), dann kann man sie allein durch den

Willen zu höherer oder zu einer möglichen Höchstleistung (wie auch in anderen Sportarten) mobilisieren. Während der Nacht lassen sich notwendige Leistungsreserven durch den Willen allein nur bedingt bereitstellen, weil der Mensch von Natur aus bei Dunkelheit schlafen, aber nicht arbeiten möchte.

Das bedeutet:

● Bei Nacht müssen diejenigen Segler die Verantwortung tragen und die Arbeit übernehmen, die sowohl psychisch wie physisch die größte Leistungsfähigkeit besitzen und ihren Leistungswillen am längsten einsetzen können, und:

● In einer nächtlichen Notsituation können die geschützten Reserven, die dem Willen unzugänglich sind, entweder nur über Adrenalinausschüttungen in Lebensgefahr oder mit Hilfe von Pharmaka (wie dem dem Adrenalin verwandten Pervitin) auf dem pharmakologischen Umweg über den Willen hinaus eingesetzt werden. Dieses „Doping" ist jedoch eine gefährliche, weil nur kurzzeitige und künstliche Steigerung der Leistungsfähigkeit.

Die Konsequenzen sowohl für den verantwortungsbewußten Skipper am Beginn einer Nachtfahrt als auch für die sichere Seemannschaft lautet daher: Da diese geschützten Leistungsreserven bei Nacht nicht angegriffen werden dürfen und die gewöhnlichen Einsatzreserven in der Dunkelheit schwerer einzusetzen sind, bzw. man auch mit Freisetzen der geschützten Leistungsreserven (durch Aufputschtabletten) nicht mehr erreicht als bei der „freiwilligen" Leistungsbereitschaft des Tages, muß man bei Beginn der Abenddämmerung die Segel so weit kürzen bzw. solche seemännischen Verhältnisse an Bord herstellen, daß die Yacht auch bei einer Wetterverschlechterung weitersegeln kann, ohne daß die Crew zu gefährlichen Arbeiten auf das nachtdunkle Deck geschickt werden muß oder leistungsschwächere Besatzungsmitglieder (wie z. B. Kinder) Angst bekommen.

Bei unvorhersehbaren Notfällen (z. B. Mast- oder Ruderbruch) beginne man in der Dunkelheit nicht mit Rettungs- oder Aufräumungsarbeiten, die auch mit Verspätung einiger Stunden am nächsten Morgen ausgeführt werden könnten, sondern verschiebe sie auf

jene Zeiten des folgenden Tages, an denen (z. B. zwischen 0700 und
0900 Uhr) nicht nur schwierige Arbeiten auch ohne große Willensanstrengung (und damit ohne Verminderung der gerade in einer Notsituation zu bewahrenden Kondition) ausgeführt werden können, sondern wo man nur mit dem Willen allein alle Einsatzreserven ausschöp-
fen und auf ganz natürlichem Wege mit der nahezu 100%igen Leistung entsprechend der individuellen Leistungsfähigkeit auch des
kleinsten oder schwächsten Crewmitgliedes rechnen kann.

Die Kurve in Abb. 27 zeigt nicht zuletzt, warum der Skipper als der
erfahrungsgemäß leistungsfähigste Segler bei Nacht in die Plicht
gehört und warum man nicht anderen Seglern während der Nacht die
Verantwortung einer Wache übertragen soll. Sie gehören während
dieser Nachtstunden ihrer geringsten Leistungsbereitschaft in die
Kojen.

Damit der Skipper trotz dieser in der Abb. 26a und b graphisch dargestellten langen Nachtwache zur Zeit der geringsten Leistungsbereitschaft des Menschen auch während eines mehrtägigen Seetörns
seine gute Kondition behalten kann, sollte er zur Zeit der geringsten
Leistungsbereitschaft bei Tageshelligkeit von etwa 1300 bis 1600 Uhr
in jedem Falle eine Ruhepause einlegen. Bei unserer Ehepaar-Crew
auf ,,Cormoran'' halten wir uns ziemlich streng an diese Regelung:
Wer nachts von 2200 bis 0400 schläft, muß am Tage von etwa 1300 bis
1500 Uhr die Wache übernehmen. Wer die Nachtwache von 2200 bis
0400 Uhr hat, kann von 1300 bis 1500 Uhr einen Mittagsschlaf halten.
Sinngemäß sollte man die Wache einteilen, wenn zwei Ehepaare
zusammen segeln (siehe Abb. 26b) oder wenn eine mehrköpfige Crew
sich die Wache teilt (siehe Abb. 29).

Aus Gründen der hier in Erinnerung gerufenen Leistungsbereitschaft
des Menschen zu unterschiedlichen Tag- und Nachtzeiten bin ich
auch kein Freund von wechselnden Wachen: Der Körper paßt sich
einem regelmäßigen Schichtdienst auch zu ungünstigen Zeiten sehr
viel besser an, als wenn er im Wechsel an einem Tage genau zu
denjenigen Zeiten wachen muß, an denen er am Vortage schlafen
konnte, und umgekehrt zu denjenigen Zeiten schlafen muß, an denen

er am Vortage alle Energie zum Wachhalten einsetzte. Darunter leidet die Kondition aller Besatzungsmitglieder und die Sicherheit des Bootes.

Wachwechsel bei Sonnenuntergang

Dogmatische Wachzeiten (beispielsweise im Vierstunden-Rhythmus) haben auch den Nachteil, daß der Übergang vom Tag zur Nacht überspielt und nicht in mögliche Wachwechselzeiten einbezogen wird: So geht beispielsweise bei einer Wache von 2000 bis 2400 Uhr die Wache mit der „optimalen" Tag-Nacht-Erfahrung, die den Übergang von der Helligkeit zur Dunkelheit bewußt erlebt hat, um Mitternacht in die Koje. An ihre Stelle tritt die ohnehin „angeschlafene" und aus der warmen Koje in die kalte Nacht geschubste Mittelwache, die zuerst nahezu blind ein Fahrzeug bedienen muß, das auf der unbeleuchteten Fahrbahn einer dunklen Seestraße dahineilt. Diese Wacheinteilung sollte man nicht einmal bei einer Crew machen, bei der nahezu identisch erfahrene Segler die ablösende wie die abgelöste Wache führen. Beim Fahrtensegeln wird man mehr Sicherheit, beim Rennsegeln mehr Fahrt gewinnen, wenn die Nachtwache die letzten, optisch gesammelten Erkenntnisse über Wind und See und auch die mit den Augen registrierten Erfahrungen für Segelführung und Seeverhalten des Bootes mit in die Dunkelheit hineinnimmt. Und es wird im Fahrten- wie im Rennsegeln gleichermaßen am besten sein, wenn sie dann möglichst lange (also mindestens 4 Stunden einer normalen Wachzeit) diese noch aus der Tageshelligkeit gewonnene Erfahrung weiterverwenden kann. Die ablösende Crew wird sich unter einer übernommenen Segelführung immer sehr viel unsicherer fühlen, weil ihr die Maßstäbe fehlen, mit der die erste Nachtwache gearbeitet hat. Aber das Nachtdunkel zwischen den Dämmerungen (wie auch die Tabellen 1–3 zeigen) dauert ja während der Sommerzeit auf unseren heimischen Segelrevieren selten länger als 5 Stunden, so daß man mit einer einzigen Nachtwache auskommt. Und diese sollte nicht später als bei Dämmerungsbeginn, aber auch nicht früher aufziehen.

Auf den Reisen, die ich mit meinem erwachsenen Sohn Jochen gemacht habe, wollten wir als Zweimann-Crew auf einen Wachwechsel bei Sonnenuntergang verzichten, weil wir beide auch im Nachtsegeln gleiche Kenntnisse und Fertigkeiten besaßen. Bei den Fahrten, die ich mit meiner Frau mache (und früher mit unseren noch kleineren Kindern gemacht habe), halten wir uns genau an den Wachwechsel bei Sonnenuntergang. Genau genommen bestimmt dieser Zeitpunkt den Wachrhythmus des ganzen Tages (auf diese Wachsysteme bin ich an anderer Stelle bereits eingegangen).

Hier zuerst einige Tips aus meiner Erfahrung beim Wachwechsel nach Sonnenuntergang:

Die seemännischen Entscheidungen für die Nachtstunden fallen beim Wachwechsel

Es gehört zwar zur Praxis des Wachwechsels, daß sich der alte und der neue Wachführer bei der Wachübergabe einige Minuten unterhalten und dabei insbesondere der Wachführer der alten Wache berichtet, welche Ereignisse in den vergangenen Stunden eingetreten waren, wie sich das Wetter veränderte und wie man mit der Segelführung darauf reagierte. Erscheinungen im Rigg, Schiffsortbestimmung, Kurswahl und andere Themen gehören zum Inhalt dieses Gespräches. Nicht zuletzt ist der Ratschlag des scheidenden Wachführers wertvoll, welche Segelführung er nach den Erfahrungen der letzten Stunden für die folgende Wache wählen, beibehalten oder ändern würde.

Wie schnell die Beurteilung einer Situation wechselt und wie schwierig es vor allem für den aufziehenden Wachführer ist, die übernommene Segelführung als den Verhältnissen entsprechend optimal zu akzeptieren, ist mir auf den ,,Zweihandfahrten'' über den Atlantik mit meinem Sohn vielfach deutlich geworden: Wenn er sich nach dem Wecken aus dem engen Luk der Achterkajüte unseres kleinen See-

56

kreuzers quälte und mit prüfendem Blick in die Takelage in der Plicht stand, waren oft seine ersten Worte: „So viel hast du eingerefft? Das ist aber nicht genug Segelfläche. Wir sollten schnellstens etwas ausreffen!"

Er stieg dann in die Kajüte hinab, aß die vorbereitete Mahlzeit und zog sich für seine lange sechsstündige Wache an, während ich mit unveränderter Segelführung meinen Kurs hielt. Bei den starken Geräuschen von Wind und See konnte man unter Deck ohnehin nicht hören, ob ich unsere Vorsegel-Rollreffanlage bedient und die Genua, unter der wir meistens allein während der Nacht dahinsegelten, tatsächlich einige Ringe ausgedreht hatte. Löste er mich dann einige Minuten später ab, und wir machten den oben genannten Plausch nebeneinander auf den Luvbänken der Plicht, dann unterbrach er mich oft schon am Anfang und sagte: „Ja, aber die Genua müssen wir wieder eindrehen. Du hast zu viel des Guten getan, als du mehr Segel setztest." Es belustigte mich immer wieder, wenn ich dann entgegnen konnte: „Die Segelführung, mein Lieber, ist völlig unverändert geblieben, seitdem du aufgestanden bist. Nur deine Ansicht von den Wetter- und Segelverhältnissen hat sich in wenigen Minuten grundlegend umgekehrt."

Die Segelführung ändert man beim Wachwechsel vor Beginn der Dunkelheit

Die Zeit der Wachübergabe ist ohnehin die beste Gelegenheit, den Segeltrimm zu ändern, Segel zu wechseln oder das Boot auf einem neuen Kurs zum Wind einzusteuern. Man hat dann immer die doppelte Anzahl von Händen zur Verfügung, und durch den damit verbundenen Lärm und Unbill wird auch niemand gestört, weil beim Wachwechsel ohnehin oft die gesamte Besatzung einer mehrköpfigen Crew auf den Beinen ist.

Bei beginnender Nacht hat dieser Segelwechsel aber noch eine größere Bedeutung: Es kommt darauf an, dem Boot diejenigen Segel in jenem Reffzustand zu belassen, der seiner optimalen Segeltragfähigkeit entspricht. Beim Fahrtensegeln ist es ratsam, lieber etwas unterbesegelt in eine lange, dunkle Nacht hineinzulaufen – lieber langsam, aber sicher! Ein Reff gegebenenfalls auszuschütteln ist oft einfacher, als es einzubinden.

Bei mehrtägigen Langfahrten und auf dem Atlantik verfuhren wir bei Sonnenuntergang wie folgt: Kamen wir zu der gemeinsamen Einschätzung, daß in das bereits einfach gereffte Großsegel noch ein zweites Bindereff eingebunden werden müßte, weil der Wind weiter zunahm, bargen wir das Großsegel ganz und beschlugen es sorgfältig. Dafür rollten wir die eingedrehte Rollgenua wieder voll aus und liefen nur unter dem Vorsegel und mit dem gleichen Prozentwert der Amwindsegelfläche weiter.

Bei weiter auffrischendem Wind hatte es der Nachtwächter leicht, die Segelfläche von der Plicht aus weiter zu verkleinern – und dies geschah gelegentlich bis auf verbleibende 2 oder 3 m^2. Stand die Windstärke des Abends durch, führten wir auch unter Genua allein immer noch genug Segelfläche. Flaute er wider Erwarten ab, verschenkten wir notbedrungen einen Knoten Fahrt – aber nur bis zum Morgengrauen. Denn dann konnte auch der Wächter allein mit dem ersten Büchsenlicht ohne persönliches Risiko das (gereffte) Großsegel zusätzlich wieder setzen. Auf mehrwöchigen Fahrten mit einer Zweimann-Crew hielten wir uns grundsätzlich daran, in einer stockdunklen Nacht zum Segelwechseln nicht auf dem Vordeck herumzuturnen. Wir haben dadurch eine Vielzahl möglicher Fehlleistungen mit ihren gefährlichen Folgeschäden schon vom Beginn an vermieden.

Ein Boot auf Nachtfahrt „handig" halten

Damit der Segler, der das Boot während der Dunkelheit geführt hatte, am Tage ausreichend tief und lange schlafen kann, muß auch die Freiwache, die ihm die Tageswache abnimmt, während der Nacht genauso tief und lange schlafen können. Das bedeutet: Die Nachtwache muß alle Kursänderungen und Ausweichmanöver allein ausführen können, ohne daß die Freiwächter ihre Schlafzeit unterbrechen müssen.

Vier Stunden Nachtzeit sind nicht nur eine lange Zeit. Man denke auch daran, daß unser Boot in dieser Zeit einen Weg von mindestens 20 Seemeilen zurücklegt. Es kann also aus einem leeren Seegebiet ohne Sichtung irgendeines Schiffes bei Sonnenuntergang in ein anderes Gebiet vordringen, in dem es um Mitternacht plötzlich in einen Pulk von Dutzenden von Fischereifahrzeugen hineinläuft. Abfallen und Anluven, Wenden und Halsen kann dann nicht nur notwendig sein, sondern auch in schnellen, zeitlichen Folgen wiederholt ablaufen müssen.

Eine Selbstwendefock kann bei solchen Nachtfahrten ein wertvolles Hilfsmittel sein, weil es den Gebrauch der Vorschoten überflüssig macht. Genauso nützlich ist eine Rollgenua, die man zur Nacht auf die Größe einer Selbstwendefock reduzieren und in gleicher Weise benutzen kann oder die sich gegebenenfalls schnell bergen läßt, damit man nur unter dem Großsegel allein und der selbsttätig übergehenden

Abb. 28: So kann der Großbaum-Niederholer auch als Bullentalje geschoren und (nicht nur bei Nacht) aus der Plicht bedient werden.

Großschot nicht nur ein einzelnes Ausweichmanöver fahren kann. Auf Vorwindkursen sollte der Baumniederholer wie in Abb. 28 auch als Bullentalje geschoren werden, die man aus der Plicht durchholen oder loswerfen kann, falls man mit einem aus Sicherheitsgründen gefesselten Baum allein halsen muß.

Eine Selbststeueranlage gibt dem Wächter freie Hand für Ausguck und Kurswahl

Auf Nachtfahrten ist eine Selbststeueranlage tatsächlich der „zweite Mann", der als Rudergänger die Yacht auf jedem beliebigen, gewünschten Kurs zum Wind hält, so daß der Wachführer selbst sich nicht auf die Segeltechnik konzentrieren muß, sondern Ausguck halten, Schiffsorte bestimmen, die Auswanderung von Lichtern beobachten, Log und Lot im Auge behalten und alle wichtigen Entscheidungen aus einer Gesamtübersicht treffen kann, bei der er von fortwährenden, stundenlangen und nicht minder wichtigen Handarbeiten am Ruder befreit ist.

Die Sicherheitsrunde beim Wachwechsel

Zur Zeit des Sonnenuntergangs einen Wachwechsel vorzunehmen, ist auch aus anderen Gründen ratsam: Der Segler, der die Verantwortung für einen (gegebenenfalls nur ersten) Teil der Nachtfahrt übernimmt, sollte noch einmal spätestens beim letzten Büchsenlicht in Augenschein nehmen, was er viele Stunden lang später einerseits nur in Erinnerung behalten, andererseits nur schemenhaft erkennen oder gar nur ertasten kann. Beim Beginn meiner Nachtwache erfülle ich beispielsweise regelmäßig folgende Aufgaben, während die Tagwache noch unser Boot führt:

Inspektion des Decks und Überprüfen des Decksgeschirrs

Hierbei sehe ich mir nicht nur an, wie Fallen, Schoten, Reffleinen und andere Enden durchgesetzt und belegt sind. Ich lege auch überall die Hand auf die unter Spannung stehenden Leinen und die belegten Enden. Dabei übertrage ich den korrekten Stand von Leinen und Segel auf mein Muskelkraftgefühl, mit dem allein ich in der Dunkelheit nachprüfen kann, ob sich nichts verändert hat. Gleichzeitig bleibt mir eine getastete Erinnerung, wie sich etwas anfühlen muß, was (noch) richtig ist oder auch, wie ich in einem Umfeld mehrerer belegter, aber arbeitsloser Klampen die belastete Klampe wiederfinden kann. Dabei prüfe ich auch, welches Vorsegelfall arbeitet und wo es belegt ist, ob Schamfilgefahr ausgeschlossen ist, ob die Kurbeln an Ort und Stelle hängen, ob an Deck bereitgestellte Segel ausreichend fest gezurrt sind, Fender und anderes Decksgeschirr sich auch im Seeschlag nicht lösen können und vieles mehr.

Schreibe auf: Welche Luken und Fenster sind noch offen

Bei dieser Decksrunde fasse ich auch unter jedes Luk; denn oft ist eines nur aufgelegt, aber nicht durch Vorreiber gesichert. Hat ein Boot Seitenfenster in der Außenhaut, die man öffnen kann, müssen auch diese von Hand geprüft werden. In einer warmen Sommernacht mit flauen Winden ist bei uns an Bord das Decksluk der Achterkajüte immer halb geöffnet. Warum nicht? Zur Erinnerung bei einem möglichen Wachwechsel trägt man diese Tatsache ins Logbuch ein. Sinngemäßes kann für andere Fenster gelten.
Besser ist es, die während der Tagessegelstunden offenen Luken in der Dämmerung zu schließen. In einer Regenbö oder bei Gischt in zunehmendem Seegang hat die Wache in der Plicht andere Aufgaben und Sorgen. Niemand denkt dann nach Mitternacht an ein offenes Decksfenster, ehe das Wasser über die Bodenbretter schwappt. Also: Schriftlich vermerken und sich nicht nur auf das Gedächtnis verlassen!

Überprüfe die Lichter vor dem Dunkelwerden

Diese Arbeit wird bei uns zweimal gemacht: Der Wächter für die Nacht überzeugt sich zuerst an Deck, ob Positionslichter, Topplicht, Dampferlicht und Hecklicht brennen und nicht verdeckt sind. Er geht anschließend in die Kajüte und schaltet selbst noch einmal alle Laternen nacheinander an. Diese Fingergriffe dienen zur Wiederholung des Tastgedächtnisses, daß beispielsweise für die Positionslichter der dritte Schalter von vorn, das Dampferlicht der zweite und das weiße Rundumlicht auf dem Masttopp, das hauptsächlich gefahren wird, der vordere Schalter zu betätigen ist. Die Salingleuchte des Großmastes (für Vordecksarbeiten) ist Nummer vier, die Salingleuchte des Besanmastes (zum Erhellen der Plicht) wird durch den fünften Schalter betätigt. Aber was der Schipper genau weiß, muß auch sein Mitsegler lernen, der mit ihm die Wache teilt; denn an ihm wird es gegebenenfalls liegen, in einem Gefahrenfall unter Deck zu gehen und beispielsweise das weiße Rundumlicht gegen die Positionslichter umzutauschen.

Überprüfe die Bilge und lenze sie gegebenenfalls

Mit dem letzten Tageslicht prüft der Nachtwächter auch die Bilge. Wenn er um Mitternacht noch einmal unter die Bodenbretter guckt, ist es von großer Wichtigkeit, ob vorhandenes Wasser erst in der Dunkelheit eingedrungen oder bereits den ganzen Tag lang in der Bilge gestanden hat. Lenzen gehört bei Sonnenuntergang zur Selbstverständlichkeit.

Mache die Navigationsgeräte nachtfahrtbereit

Bei Sonnenuntergang werden auch die Arbeitslichter überprüft, die man für die Nachtarbeit in der Kajüte und nicht nur am Kartentisch, sondern auch in der Plicht, in der Kombüse und sogar im Motorraum benötigt. Das letzte Tageslicht dient gegebenenfalls dazu, eine schadhafte Fassung zu richten, eine kaputte Birne auszutauschen oder ausgelaugte Batterien aus einer Taschenlampe zu entfernen. Defekte Elektrik bei Dunkelheit zu reparieren macht wesentlich mehr Arbeit! Bei dieser Gelegenheit wird auch die (beleuchtete) Kartenlupe auf die Karte gestellt und die Kompaßleuchte angeschaltet sowie ihre Lichtstärke eingestellt.

Ist die Kajüte für die Nachtfahrt vorbereitet?

Sinngemäß der gleiche Sicherheitscheck wie für das Deck wird auch in den Innenräumen vorgenommen. Genauso störend wie klappernde Karabinerhaken in der Plicht sind rollende Konservendosen in einem Schapp, und solche Störenfriede sind in der Dunkelheit nicht nur schlechter zu entdecken, sondern vor allem schwieriger festzukeilen.

Sind die Rettungsgeräte für einen möglichen Notfall in der Nacht einsatzbereit?

Zur Routine gehört auch, die Leuchtfähigkeit des Nachtrettungslichtes zu überprüfen und festzustellen, ob es mit der Boje verbunden ist und beide Teile des Notgeschirrs klar zum Werfen sind. Das Nachtrettungslicht wird hierzu einfach aus seiner Halterung entnommen und auf den Kopf gestellt. Dies ist dann seine Schwimmlage, und in dieser Position muß es seine Notblinke abgeben. Versagt es, kann die Birne defekt, ein Kontakt korrodiert oder die Batterie leer sein. Die Schadensbeseitigung muß in der Dämmerung beendet sein.

Sehen im Dunkeln

Ich habe bereits in einem vorhergehenden Abschnitt kurz angedeutet, warum wir die Zeit des Sonnenuntergangs zum Wachwechsel ausgewählt haben: Der aufziehende Nachtwächter sieht noch eine helle Welt, bevor die Dunkelheit nicht nur das Licht zudeckt, sondern auch alle Konturen verschwimmen läßt und deutlich sichtbare Distanzen in ungewisse Entfernungen auflöst. Die Erfahrungen dieses Übergangs vom Tag zur Nacht nimmt der Wächter mit in seine vier- oder sogar sechsstündige Nachtwache hinein. Das optische Erlebnis dieses Übergangs hilft ihm, Vertrauen zum gesteuerten Kurs und zur übernommenen Segelführung zu haben oder den Zustand der See und die Schiffsbewegungen im Umfeld des Bootes bewußter einzuschätzen.

Eine in der Dunkelheit aufziehende Wache (bei einem festen Wachrhythmus: um Mitternacht) hat es hierzu weit schwieriger: Sie kommt nicht nur fröstelnd aus der warmen Koje, sondern auch aus einer beleuchteten Kajüte in eine schwarze, kalte Nacht. Neben der Schwierigkeit, überhaupt erst einmal die Augen anzupassen und sehen zu lernen, fehlt ihr jede Möglichkeit der Orientierung. Nur der Kompaßkurs ist ablesbar. Die Windrichtung ist nur zu ahnen, und was sich auf der dunklen See abspielen und an der Kimm vorgehen könnte, wird die neue Wache erst nach langer Zeit zu erkennen lernen. Was bleibt, ist eine Unsicherheit, mit der sie sich nicht nur an Deck bewegen, sondern auch den Kurs durchhalten und nautische Entscheidungen treffen – oder unterlassen wird.

Bei einer zahlenmäßig großen Crew ergibt sich hierdurch die Notwendigkeit, zu solchen festgesetzten Zeiten wie 0000 Uhr und 0400 Uhr nicht die wolle Wache zu wechseln, sondern einen fließenden Wachwechsel zu vereinbaren, bei dem nicht nur die Erfahrung des vorhandenen Wächters im Verlaufe einer längeren Zeit von etwa einer Stunde langsam zur eigenen Nachtfahrterfahrung heranwächst, sondern auch ein entsprechender Übergang in der Verantwortung erfolgt.

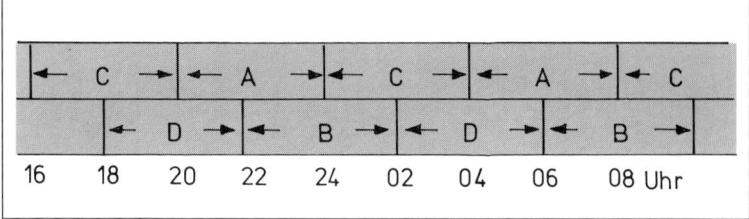

Abb. 29: Empfehlenswerter überlappender Wachwechsel.

Abb. 29 zeigt das Schema, wie ein solcher Wachwechsel einschließ-lich des Wachführerwechsels bei einer vierköpfigen Crew aussehen könnte: Segler A übernimmt im zweiten Teil seiner vierstündigen Wache um 2200 Uhr die Führung, und Segler B löst Segler D ab, der in die Koje geht. B hat jetzt zwei Stunden lang Gelegenheit, sich in der Plicht einzugewöhnen; denn er hat als zweiter Mann genügend Zeit, seine Augen an die Dunkelheit zu gewöhnen, Segel- und Schotfüh-rung erkennen und beurteilen zu lernen, Fragen an den Wachführer hinsichtlich gesichteter Schatten oder Lichter zu stellen und sich selbst in der Dunkelheit mit Handgriffen oder Arbeiten auf die Boots-bewegungen einzustellen.

Um 2400 Uhr übernimmt B die Wache von A, und für ihn kommt der Segler C in die Plicht. Der Wachwechsel dauert kaum eine Minute. In der Praxis einer normalen Langfahrt wird A in die Kajüte gehen, C wecken und sich selbst bereits zur Ruhe legen können; denn in den verbleibenden 5 bis 10 Minuten, in denen sich C für seine Nachtwache angezogen hat, kann B das Boot (meistens) auch allein führen. Auch anschließend kann der Rudergänger seinem aufgezogenen Mitwäch-ter C noch genügend Zeit zur Anpassung an das Dunkel geben.

Wenn nach weiteren zwei Segelstunden Segler C in die natürliche Umwelt und nautische Verantwortung hineingewachsen ist, über-nimmt er um 0200 das Ruder. Jetzt geht B zur Koje, und D zieht stattdessen auf − als zweiter Wächter.

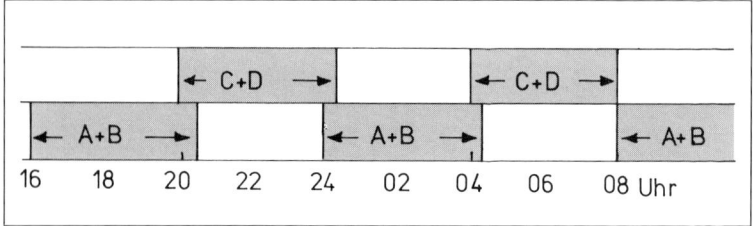

Abb. 30: Nicht empfehlenswerter gleichzeitiger Austausch einer vollen Wache.

Dieses Wachsystem ist natürlich nur anwendbar, wenn mehr als zwei Segler Nachterfahrung haben. Es hat den Vorteil, daß der Freiwächter tatsächlich nahezu vier Stunden Ruhe hat, weil die Zeitspannen der Wachablösung kurz sein können. Es ist auch ein Wachsystem, um im Dunkeln noch unerfahrene oder unsichere Segler nachtfahrttauglicher zu machen und sie Verantwortung zu tragen lehren, die sie unter Aufsicht eines Erfahreneren übernehmen, auch wenn dieser kurzzeitig als „zweiter Mann" sich selbst erst an die Nachtbedingungen anpassen muß.

Ginge man stattdessen Zweipersonen-Wachen im üblichen Wachrhythmus (Abb. 30), dann müßte um 0000 Uhr der Wachwechsel mindestens 30 Minuten dauern, weil der Austausch von zwei Freiwächtern gegen zwei Wächter und die entsprechende Anpassungszeit nicht nur an die Nachtsichtfähigkeit, sondern auch die völlige Aufnahme der Orientierfähigkeit im Dunkeln zwangsläufig so lange dauern muß, falls man die Sicherheitsbedingungen nautischer Yachtführung beachtet.

Nachtblindheit und Nachtsehvermögen

Die Fähigkeit, auch in der Nacht gut oder ausreichend sehen zu können, ist bei vielen Menschen unterschiedlich entwickelt. Einige von uns haben Katzenaugen und stellen ihre Sehfähigkeit auch im Dunkeln unter Beweis. Andere vermögen weder Lichter zu erkennen noch ihre Farben zu unterscheiden. Vielen fehlt bei Nacht auch jegliches Gefühl für den umgebenden Raum und die Entfernung. Aber beruhigen wir uns: gegen Nachtblindheit läßt sich etwas tun, und Nachtsehfähigkeit kann man lernen, auch wenn man Brillenträger ist und nicht (mehr) gesunde Augen hat. Wer eine Yacht in der Nacht führt oder Verantwortung für eine Nachtwache trägt, muß jedoch genau wissen, wie weit er seinen Augen trauen kann:

Hierzu gehört zuerst ein volles Farbunterscheidungsvermögen. Vom klaren Erkennen roter und grüner, weißer und andersfarbiger Lichter hängt die richtige Entscheidung beim Begegnen mit anderen Schiffen und somit zum Kurshalten oder zum Ausweichen ab. Farbuntüchtige Segler können die Verantwortung für eine Nachtwache nicht übernehmen, weil ihre Farbsehschwäche zu Fehlbeurteilungen von Farben führt.

Demgegenüber ist Nachtblindheit eine Sehschwäche, die man behandeln kann. Bekanntlich erfolgt in der Netzhaut unserer Augen die Umwandlung der Lichtreize in Erregungen. Dafür stehen zwei Arten von Sinneszellen zur Verfügung: die Zapfen für das Sehen bei Tage und das Erkennen von Farben sowie die Stäbchen als Vermittler des Dämmerungssehens. In hohem Maße hängt die Nachtsehfähigkeit von der Seitensehfähigkeit des Auges ab, d. h. der Breite des Blickwinkels und der Sehfähigkeit an seinen Rändern.

Hat sich das Auge vollkommen der Dunkelheit angepaßt, dann ist die Empfindlichkeit der Stäbchen bis weit über das 200 000fache des Sehens im Hellen gesteigert. Es können also ganz unscheinbare Lichtblinke (beispielsweise entfernt nur kurzzeitig sichtbare Leuchttonnen) als Lichtblitz wahrgenommen werden, obwohl die Sehschärfe selbst beim Dämmerungssehen gering ist.

Gute Nachtsegler empfinden diesen Lichtimpuls tatsächlich in einer Ecke ihres Auges. Wenn dies geschieht, sollte der Rest der Crew nicht angestrengt in die gleiche Richtung starren; mit den Zapfen im Zentrum der Netzhaut wird man den Blink mit Sicherheit nicht ausmachen. Stattdessen sollte man die Pupille auf die Kimm richten und den Kopf langsam etwa 20° zu jeder Seite drehen, damit man über die

Empfindlichkeit an den Netzhauträndern noch einen zweiten flüchtigen Blick von einem fernen Feuer erhascht.

Diese Nachtsehfähigkeit kann man üben, und sie wird beispielsweise bei Piloten regelrecht antrainiert, indem man unterschiedliche Nachtbedingungen pausenlos simuliert. Nachtblindheit kann auch ein Zeichen von Vitamin-A-Mangel sein. Mit Vitamin A werden die Stäbchen der Netzhaut versorgt, die die Fähigkeit des Dämmerungssehens vermitteln. Durch Einnahme von Lebertran oder Karottensaft kann der Vitamin-A-Haushalt gesteigert und die Nachtsehfähigkeit verbessert werden, doch kann diese Nachtsehschwäche auch erblich sein. (Wie das Auge die Hell- und Dunkelanpassung bewältigt, ist an anderer Stelle ausführlicher erläutert.)

Die optimale Nachtsehfähigkeit nicht leichtfertig verspielen

Die Änderung der Empfindlichkeit unserer Augen, die man auch als Adaptation oder Anpassung bezeichnet, ist abhängig von der Beleuchtungsstärke. Je länger das Dunkel anhält, desto größer ist die Lichtempfindlichkeit des Auges und desto eher lassen sich dementsprechend Lichter auf der dunklen See erkennen oder Schatten von unbeleuchteten Bojen oder Hindernissen ausmachen. Diesen Sichtungen gilt ja unser Hauptaugenmerk. Von ihrem rechtzeitigen Erkennen hängt die Sicherheit ab, wenn es noch eine Ansteuerungstonne zu erfassen oder vor gefährlichem Treibgut auszuweichen gilt. Mit anderen Worten: Dieses Nachtdunkel, dem sich das Auge angepaßt hat, darf nicht durch Lichter an Bord erhellt werden.

Unser Auge hat die (in dieser Hinsicht unsympathische) Gewohnheit, sich schnell und unwillkürlich auf eine Lichtquelle zu richten. Die Pupille fixiert die Lichtquelle, wie die Motte oder der Tintenfisch zu ihr strebt. Man muß daher helles wie direktes Licht gleichermaßen vermeiden: Wenn nicht (wie an anderer Stelle empfohlen) besondere Kajütlampen mit roten Soffitten installiert sind, um unter Deck eine Dunkelkammerbeleuchtung zu schaffen, sollte man rotes Papier während der Nachtfahrt über eine Innenleuchte kleben oder einen entsprechend ausgeschnittenen Boden eines farbigen Plastikbechers von außen über das Gehäuse stülpen.

Der Navigator sollte an seinem Platz nur mit gedämpftem gelben Fließlicht arbeiten, und wenn an Deck Taschenlampen benutzt werden müssen, sollten es simple, kleine Stablampen mit geringer Leuchtkraft oder mit lichtdämpfenden Papiereinlagen innen vor dem Schutzglas sein. Das Licht des Steuerkompasses sollte bis zum feinsten Glimmen heruntergeregelt werden und je nach Mondlicht oder Dämmerung der umgebenden Helligkeit des Bootes angepaßt sein.

Man muß die nachtdunkle Kimm immer deutlich erkennen können

Dies ist leichter gesagt als getan; denn der Helligkeitsunterschied zwischen Wasser und Himmel ändert sich ständig. In einer windarmen und leicht diesigen Nacht mit einer nahezu glatten See wird man kaum eine Trennlinie ausmachen können. See und Himmel gehen ineinander über, und in einer mondhellen Nacht sieht man nur wenige, schlangenförmige Schatten auf der See, die Schwingungen einer alten Dünung (Abb. 31). Üblicherweise ist der Himmel als Quelle des Lichtes bleicher als die See, so daß sich die Kimm in einer klaren Nacht deutlicher abhebt (Abb. 32). Hängen hingegen dunkle Nachtwolken über dem Himmel, dann können um uns herum See und Himmel dunkel sein (Abb. 33), während wir in einen hellen Schlitz

Abb. 31: Die See in einer windarmen, diesigen, mondhellen Nacht.

Abb. 32: Eine deutliche Kimm in einer klaren Nacht.

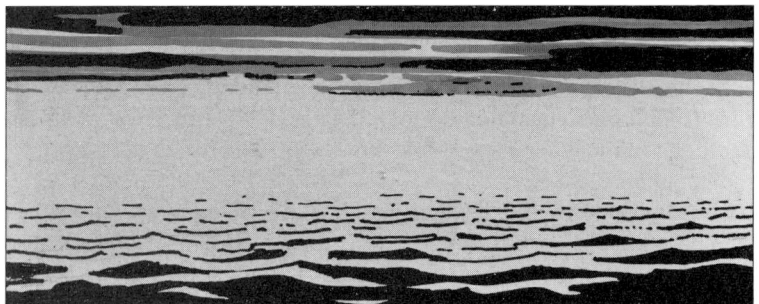

Abb. 33: Dunkle Nachtwolken schwärzen See und Himmel gleichermaßen.

hineinzulaufen scheinen, in dem sich die hell beleuchtete See unter einem hell beschienenen Himmel ohne ersichtlichen Übergang vereinigt haben.

Taucht unter diesen Lichtverhältnissen ein Licht auf, dann ist es schwer, seine Höhe über dem Horizont zu beurteilen – eine wichtige Voraussetzung, um seinen Abstand grob zu schätzen.

Der Seegang erzeugt noch schwärzere Flächen vor der ohnehin schon dunklen See und macht es besonders schwierig, eine unbeleuchtete Boje auszumachen (Abb. 34). Spierentonnen mit Toppzeichen sind in solchen Situationen besser zu erkennen (Abb. 35), weil sie sich deutlich und höher gegen den hellen Horizont abheben, wenn man näher

70

Abb. 34: Unbeleuchtete Bojen sind im Seegang schwer auszumachen.

Abb. 35: Spierentonnen heben sich gegen den Horizont ab . . .

Abb. 36: . . . wenn man näher an sie herankommt.

Abb. 37: Auf ruhiger See wirkt eine Spitztonne wie ein Farbklecks.

kommt (Abb. 36). Das Auge nimmt hierbei zuerst einen winzigen Fremdkörper wahr, wenn man mit leichten, seitlichen Kopfbewegungen den Blick über den Horizont schwenkt. Auch von einem tieferen Standort aus (beispielsweise aus der Position des Rudergängers) nimmt man eine unbeleuchtete Spiere eher wahr, als wenn man auf dem Kajütdach steht und von einer höheren Warte auf die Wasserscheide blickt. Nur auf einer ruhigen See prägt sich eine Spitztonne als dunkler Farbklecks aus (Abb. 37). Hieran muß man auch beim Einlaufen in eine unbeleuchtete Hafeneinfahrt denken oder beim Verfolgen einer unbeleuchteten Tonnenreihe achten, beispielsweise im Fehmarnsund.

Nicht unruhig werden, wenn eine Leuchttonne oder ein Molenfeuer nicht in Sicht kommt

Man fange nicht zu frühzeitig an, nach einem Licht zu suchen, das nach Kopplung an der Grenze seiner Sichtweite stehen muß. Man muß sich Zeit lassen beim Ausguck; denn die Sichtweite hängt nicht nur von der Sichtigkeit der Luft, sondern auch von der jeweiligen Lage sowohl des Leuchtzeichens wie des Bootes auf einem Wellenberg oder im Wellental ab. Strengt man die Augen zu früh und zu lange an, dann flimmert es einem bald vor den Augen, und man sieht überall Lichter, aber nicht die erwartete Kennung. Man vergegenwärtige sich immer folgende Erfahrungswerte:

In einer dunklen Nacht bei klarer Sicht wird das weiße Licht einer großen Fahrwassertonne auf höchstens 5 Seemeilen Entfernung auszumachen sein, wenn man mit einer Augenhöhe von etwa 2,50 m an Deck steht. Von der Kennung, beispielsweise Blitzgruppe 3, wird man zuerst nur einen Blitz und den auch nur zuverlässig erkennen, wenn sich das Boot und die ferne Tonne gleichzeitig auf einem Wellenberg befinden. Dazwischen wird eine längere Zeit der Unsichtigkeit liegen, und erst nach einer weiteren Meile Fahrt wird man in einem solchen Fall, wenn beide „oben" sind, die ganze Kennung auszählen können. Besteht Verwechslungsgefahr und ist die Tonne eines Großschifffahrtsweges ein wichtiges Navigationshilfsmittel, dann muß man gegebenenfalls einen Umwegkurs segeln und näher an sie herangehen, bis man ihre Kennung zweifelsfrei ausmachen kann und einen sicheren Standort gewinnt.

Auch aus der Art des Lichtes kann man auf seinen Abstand schließen: Kommt eine Leuchttonne als winziger Lichtpunkt in Sicht, dann ist sie – je nach Augenhöhe und Seegang – etwa 5 Seemeilen entfernt (Abb. 38). Bildet sich ein Leuchtschein um das inzwischen größer gewordene Licht, ist man auf etwa 1 Seemeile herangekommen (Abb. 39). Breitet sich der Lichtschein bereits auf dem umgebenden Wasser deutlich aus, ist die Leuchttonne noch etwa 500 m entfernt (Abb. 40).

Mit tränenden Augen sieht man schlechter

Wenn man bei Nacht eine Küste ansteuert oder nach Lichtern, Schatten und Landmarken Ausguck hält, kann der Wind die Sehfähigkeit beträchtlich herabsetzen: Läuft man raumschots in die Blickrichtung und hat den Wind im Nacken, wird die Nachsehfähigkeit kaum beeinträchtigt sein. Muß man hingegen nach Luv starren und beim Kreuzen ständig das Gesicht gegen die Windrichtung halten, werden die Augen bald zu tränen anfangen, und die Bindehaut wird sich schnell entzünden – insbesondere, wenn dabei noch der Regen in den zusammengekniffenen schmalen Spalt der Lider gedrückt wird.

Dann hilft nur, den Mützenschirm tief in das Gesicht zu ziehen und den Kopf beim Suchen nach dem Licht einer Leuchttonne wechselseitig seitwärts zu drehen, damit zumindest immer ein Auge etwas in Lee der Nase liegt. Man nutzt dabei die bereits an anderer Stelle beschriebenen Vorteile aus, den erwarteten Blink besser mit dem Außenrand der Netzhaut erfassen zu können. Nautiker auf Großschiffen haben es dabei leichter: Ihre Brücken sind bekanntlich mit einfachen, aus Metall gefertigten Windabweisern an der Oberkante der Brückenreling ausgestattet, so daß sie auch bei direktem Ausguck nach Luv immer wie in Flaute stehen.

Abb. 38: Eine gesichtete Leuchttonne ist etwa 5 sm entfernt.

Abb. 39: Bei einem Leuchtschein um das Licht ist man etwa 1 sm entfernt.

Abb. 40: Licht auf dem Wasser zeigt etwa 500 m Abstand an.

Auch die Spiegelung des Lichtes kann verwirren

Eine Leuchttonne oder ein Feuer, deren Lichtscheine bei nahezu unbewegter See eine breite, spiegelnde Bahn auf dem Wasser hinterlassen (Abb. 41), erscheinen uns beträchtlich näher, als wenn die gleichen Lichter über einer bewegten See stehen (Abb. 42). Oder anders ausgedrückt: Durch diesen Widerschein auf dem Wasser kann das Licht einer Tonne bei ruhiger See sehr viel früher aufgefaßt werden als im Seegang, bedingt durch die bessere Reflektionswirkung bei sonst gleichem Abstand. Bei bewegter See erhellt das Licht der Leuchttonne nur die Wellenberge auf der vom Ausguck abgewandten Seite, und man erkennt die Spiegelung des Lichtes erst in unmittelbarer Nähe der Tonne.

Auch Küstenlichter können uns bei Nacht zum Narren halten: Selbst kleine Orte sorgen für einen mächtigen, hellen Schein auf einer breiten Himmelsfläche hinter einem nachtdunklen Horizont – aber man täusche sich nicht: Die Ortschaft liegt dann noch mehrere Segelstunden entfernt. Was wir sehen, ist meistens nur die untere Schicht der Nachtwolken, die das von Straßenlaternen und hellen Fenstern erzeugte Licht reflektiert, und dieses Leuchtband liegt noch einige Meilen vor der Küste. Es ist ein indirektes Licht. Nur wenn der beleuchtete Ort wenige Kilometer von der Küste entfernt und im nahen Binnenland etwas höher liegt, wird man seine Lichter nicht nur direkt, sondern auch früher sichten können.

Hat man die Uferlichter bereits deutlich in Sicht, dann unterliegt man der Sinnestäuschung, bereits einzelne Laternen erkennen zu können. Tatsächlich erfaßt unser Auge jedoch nur ein Lichtband, das es uns in gar nicht vorhandene Einzelteile zerlegt. Liegt im Seegang der Wellenberg zwischen uns und den Einzellichtern, scheinen sie gerade aus der Kimm zu tauchen und weit entfernt zu sein (Abb. 43). Blicken wir selbst vom Wellenberg auf die dann ebenfalls über der See stehenden Lichter, scheinen wir geradewegs auf den nahen Strand zu laufen (Abb. 44). Tatsächlich sind wir in dieser Situation aber noch meilenweit entfernt.

Abb. 41: Bei unbewegter See erscheinen Lichter näher.

Abb. 42: Die gleichen Lichter scheinen bei bewegter See weiter ab zu sein.

Abb. 43: Die Lichter einer Stadt liegen im Wellental weit ab.

Abb. 44: Auf dem Wellenberg scheinen die gleichen Lichter greifbar nahe.

Abb. 45: Ein vom Tageslicht erhellter Ankerplatz . . .

Abb. 46: . . . wird in der Nacht zu einem schwarzen Loch.

Keine Angst vor dem drohend dunklen Ufer

Läuft man bei Nacht in kurzer Entfernung an einer Küste entlang oder muß man in ihrer Nähe einen Ankerplatz aufsuchen, fühlt man sich beim Ansteuern ähnlich wie ein Selbstmörder, der Boot und Leben leichtfertig aufs Spiel setzt: Vom Tageslicht erhellte Berge und Täler (Abb. 45) verschwimmen nachts zu einer drohenden Wand, die man scheinbar mit der Hand greifen kann (Abb. 46). Die schwarzen Landmassen behalten ihren furcherregenden Charakter auch in einer Mondnacht, wenn der Mond zwar über ihnen steht, aber ihre Schatten über die Küste hinaus bis weit auf die See fallen. Die Wasserscheide ist dann schwer zu entdecken, und man muß sich beim nächtlichen Ankern vertrauensvoll auf das Lot verlassen, um den gewünschten Uferabstand mit der richtigen Ankertiefe zu erreichen. Ein einzelnes Licht in einem Haus am Strand, das uns durch seine Höhe über dem Wasserspiegel auch gleichzeitig bei der Abstandsbestimmung hilft, kann ungemein nützlich sein – ebenso wie ein Ankerlieger, an dessen Licht wir uns hautnah heranpirschen können.

Die Schatten von dunklen Yachten sieht man besser

An vielen Ankerplätzen trifft man unbeleuchtete Dauerlieger an, und auch die Arbeitsboote der Fischer, die unbenutzt in Küstennähe verankert sind, werden erfahrungsgemäß nicht durch Ankerlichter gekennzeichnet. Daher heißt es, in küstennahen Fahrten nicht nur nach Lichtern, sondern auch nach Schatten Ausguck zu halten. Erfahrungsgemäß sind die meistens dunkel gehaltenen Arbeitsboote (Abb. 47) an ihren Muringbojen meistens besser zu erkennen als helle, weiße Yachten (Abb. 48). Helle Boote sind bei Nacht nur deutlicher auszumachen (Abb. 49), wenn der Lichtarm eines Feuers gelegentlich über sie streicht und sie einen Widerschein verursachen. In der eintönigen Dunkelheit einer sternenklaren Nacht werfen sie hingegen einen undeutlichen Schatten, dessen Grau vom Nachtdunkel zugedeckt wird. Dunkle Boote prägen sich demgegenüber als kräftige, deutlich erkennbare Schatten aus.

Abb. 47: Unbeleuchtete, dunkel gestrichene Boote sind gut zu erkennen.

Abb. 48: Helle Yachten sind bei Nacht schlechter auszumachen.

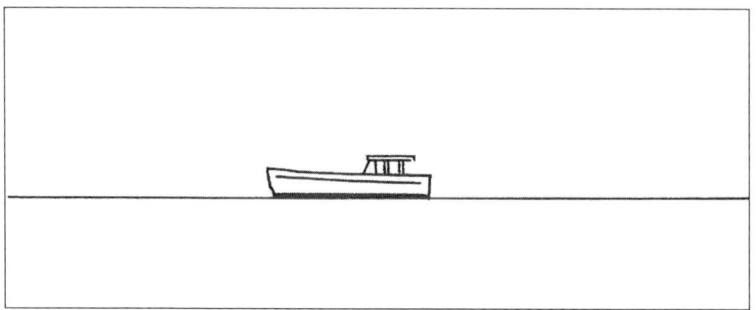

Abb. 49: Dafür reflektieren helle Yachten im Lichtschein eines Feuers.

Wie weit sind die Schiffahrtslichter zu erkennen?

Wir haben an anderer Stelle gesehen, wie man die ,,Lage'' eines gesichteten Schiffes nach der Stellung der beiden Dampferlichter erkennen und beurteilen kann. Für unsere nautischen Entscheidungen relevant wird diese Stellung aber nur, wenn das entsprechende Fahrzeug näher gekommen ist. Viele Nachtfahrtensegler werden zu früh unruhig, weil sie den Abstand der gesichteten Lichter nicht in Rechnung stellen: Das fremde Fahrzeug ist noch weit entfernt, wenn die Dampferlichter dicht über der Kimm stehen. Je nach Sichtigkeit und der Tragweite der Lichter beträgt der Abstand etwa 6 sm. Bei etwa 5 sm Entfernung (Abb. 50) stehen die beiden Dampferlichter schon hoch über dem Horizont, und es hebt sich der dunkle Rumpf deutlich ab. In 4 sm Entfernung erscheint das weiße Lichtband der Wohnräume und der beleuchteten Seitendecks im Achterschiff. Kann man die roten oder grünen Positionslichter erkennen, ist das fremde Schiff noch etwa 3 sm entfernt (Abb. 51). In einer Entfernung von 3 sm nehmen die bisher gelb scheinenden Lichter immer deutlicher ihre weiße Farbe an, und in einem Abstand von 2 sm formen sich nicht nur Deckshausfenster und Bulleyes deutlich aus, man erkennt auch den Widerschein ihres Lichtes auf dem Wasser (Abb. 52).
Diese Erfahrungswerte gelten für mittelgroße Frachter und Kümos. Ein großer Tanker oder ein Musikpott mit hell erleuchteten Aufbauten läßt sich als Lichtschein unter dem Horizont schon etwa in 12 sm Abstand auffangen, aber auch deren Topplichter kommen erst bei etwa 6 sm Abstand in Sicht, weil ihre Tragweite nicht weiter reichen muß.

Lichter vor dem ersten Büchsenlicht aufschnappen

Es zahlt sich aus, wenn vor Dämmerungsbeginn noch ein Leuchtfeuer oder gar die Hafenlichter des Fahrtenzieles in Sicht kommen. Nicht nur die Kennung des Leuchtfeuers erlaubt dann, mit Hilfe der Peilung einen angenäherten Standort zu bestimmen. Man kann gegebenen-

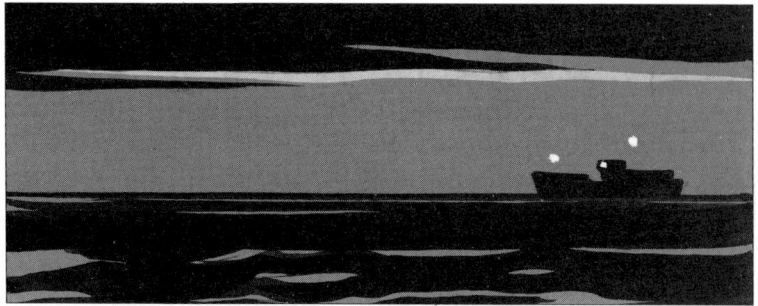

Abb. 50: Dampferlichter stehen in etwa 6 sm Abstand hoch über dem Horizont.

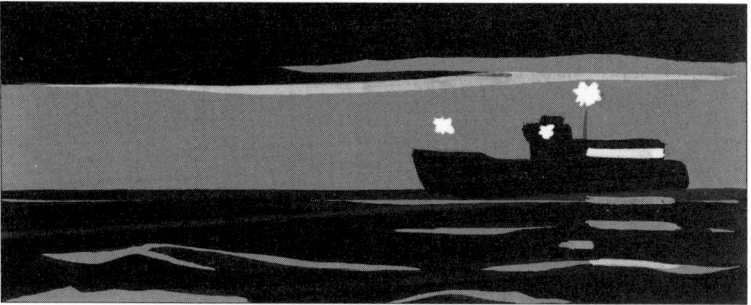

Abb. 51: In 3 sm Abstand Sichtung der Seitenlichter.

Abb. 52: In 2 sm Abstand spiegeln sich die Kajütlichter auf dem Wasser.

Abb. 53: Bei Dämmerungsbeginn liegen Küstenlichter relativ nahe.

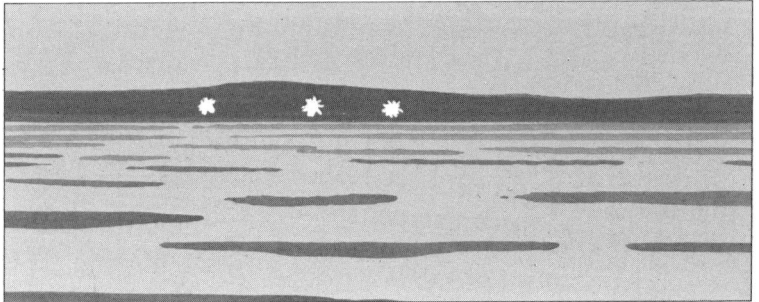

Abb. 54: Mit zunehmender Helligkeit entfernen sie sich.

falls selbst Kurs auf diesen bekannten und eindeutig bestimmten Punkt an der Küste absetzen. Abb. 53 zeigt, wie beispielsweise nebeneinanderliegende Küstenlichter noch kurz vor Dämmerungsbeginn wirken: Sie liegen relativ nahe. Je heller es wird, desto weiter rücken sie ab (Abb. 54).

Nach Sonnenaufgang liegt auch oft ein Dunstschleier über der Küste, und es ist zwar eine Kimm zu erkennen, aber kein Land mehr. Man wird dann sehr lange in der aufgenommenen Kursrichtung weiterlaufen müssen, ehe die Konturen des Hafens deutlich werden. Oft muß man noch mehrere Stunden segeln, ehe sich das Land zeigt – und wenn man es sichtet, wird man meistens weniger als 2 sm vor einer hoch aufragenden, aber vom Morgendunst verhüllten Küste stehen.

Die Anpassung des Auges an die Dunkelheit

Ich habe bereits an anderen Stellen von den besonderen Bedingungen des Nachtsegelns und insbesondere von der langen Zeit gesprochen, die unser Auge braucht, um sich nach einem Aufenthalt in der erleuchteten Kajüte wieder der Dunkelheit in der Plicht anzupassen. Nehmen wir uns die Zeit, diesen Vorgang etwas genauer zu erklären (Abb. 55):

In hellem Licht, d. h. sowohl am Tage als auch unter einer Lampe, sieht man einen Gegenstand am besten, wenn man direkt auf ihn blickt, so daß das Bild auf das kleine Zentrum der Netzhaut fallen kann, das von den sogenannten „Zapfen" gebildet wird. (Der Mensch hat 6–7 Millionen Zapfenrezeptoren.) Die Pupille wirkt dabei wie eine Blende: Sie zieht sich zu einer schmalen Öffnung zusammen, wenn das Licht zu hell wird oder gar blendet, um die Netzhaut als lichtempfindliche Membrane des Auges nur mit einem entsprechend kleinen Bereich der Zapfen in der Netzhautmitte (fovea centralis) in Anspruch zu nehmen.

Die Anpassung an sehr helles Licht oder die sogenannte „Helladaptation" erfolgt nach anfänglicher Blendung ziemlich schnell. Man kann also sofort am beleuchteten Kartentisch arbeiten, wenn man aus der dunklen Plicht in die erleuchtete Kajüte kommt. Verschlechtern sich die Lichtverhältnisse und wird es dunkler, so daß man Farben nicht mehr erkennen kann, können die Zapfen in der Netzhautmitte nur während der ersten Minuten ihre Empfindlichkeit steigern.

Im Dämmerungs- und Nachtsehen arbeiten dann nur noch die „Stäbchen", die den ganzen übrigen Bereich der Netzhaut einnehmen. Sie sind sehr viel lichtempfindlicher als die „Zapfen" und benötigen eine beträchtlich lange Zeit, bis sich ihr Sehpurpur bei Dunkelheit allmählich regeneriert hat. Je länger das Auge völliger Finsternis ausgesetzt ist, desto mehr öffnet sich die Pupille und desto größer wird der periphere Abschnitt der Netzhaut, auf dem der Stäbchenapparat (mit etwa 125 Millionen Stäbchenrezeptoren) zum Nachtsehen aktiviert werden kann.

Dieses Anpassungsvermögen unseres Auges an stark wechselnde Lichtverhältnisse in seiner Umgebung beruht auf den besonderen photochemischen Eigenschaften des Sehpurpurs im Stäbchenapparat der Netzhaut. Während die Helladaptation nahezu sofort erfolgen kann, dauert die Dunkeladaptation beträchtlich länger: Innerhalb der ersten 15 Minuten paßt sich das Auge noch relativ schnell an die Dunkelheit an, ohne dann jedoch bereits seine volle Sehfähigkeit zu erhalten. Die weitere Adaptation erfolgt langsam, und erst nach 45 bis 60 Minuten hat unser Auge seine volle Nachtsehfähigkeit erreicht. Allerdings ist sie beim „Stäbchen"-Sehen durch Verminderung der zentralen Sehschärfe und ein fehlendes Farbunterscheidungsvermögen gekennzeichnet.

Der Sehpurpur vermindert sich im Stäbchenapparat sofort, wenn helles Licht in das Auge fällt, und wird erst nach den genannten langen Zeiträumen von 15–60 Minuten wieder neu aufgebaut. Rotes Licht baut den Sehpurpur nicht ab. Daher empfiehlt es sich, bei Nachtfahrt den Kartentisch oder das Steuerhaus bzw. die Kajüte mit rotem Licht zu erhellen – obwohl es auch schwierig ist, bei solchem Licht an den Karten zu arbeiten. Wer gute Augen hat, kann auch ein Auge zukneifen und nur einäugig am Kartentisch arbeiten, wenn er (z. B. bei einer schwierigen Ansteuerung) hin und wieder einen Blick auf die Karte werfen muß. Auch Kartenleuchten (beleuchtete Kartenlupen) sind für eine solche „einäugige" Kartenarbeit nützlich. Bei ihrer Benutzung kann man auf Rotlichtbeleuchtung verzichten, weil die Kartenleuchte selbst nur einen begrenzten Kartenbereich gut abgeschirmt erhellt und vergrößert.

Das Steuern nach dem (abgedunkelten) Steuerkompaß sowie Peilungen mit dem Handpeilkompaß bei Nacht sind Arbeiten, die auch unter den Anpassungsverhältnissen des Auges gesehen werden müssen. Genauso wichtig ist es, daß die restliche Crew in der Plicht die Augen schließt oder sich umdreht, wenn (aus welchen Gründen auch immer) das Kajütschott geöffnet und unter Deck (kurzzeitig!) Licht gemacht werden muß. Auch wenn eine Person mit der Taschenlampe auf dem Vordeck hantieren muß, sollte die Crew in der Plicht bis auf einen

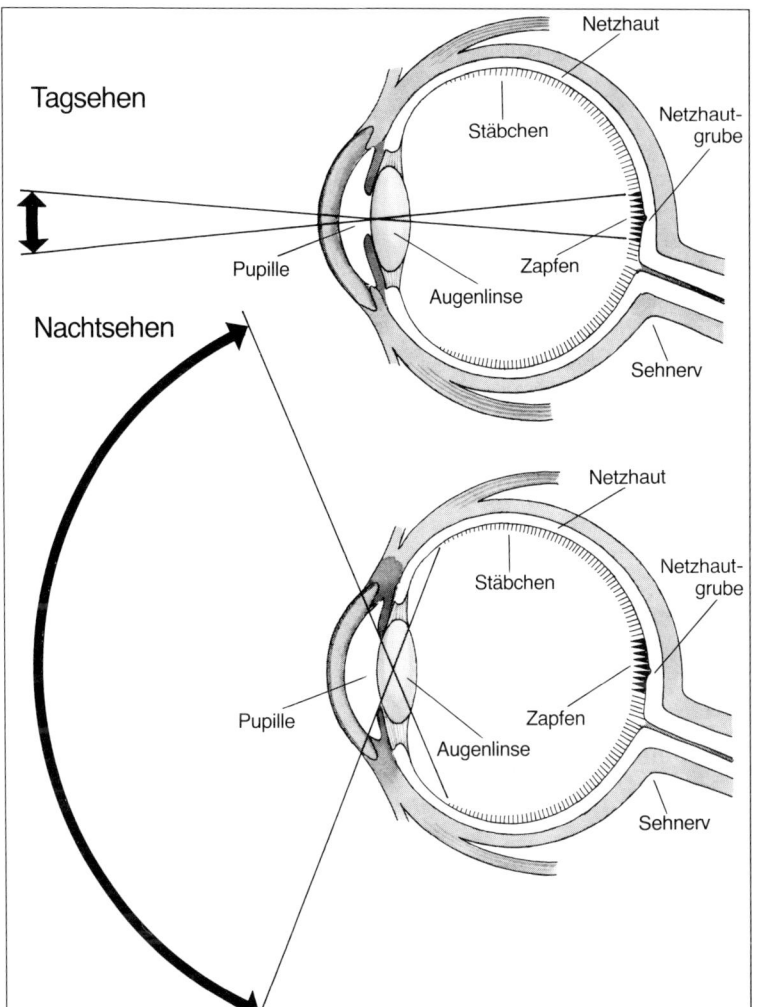

Abb. 55: Das menschliche Auge und das sogenannte ,,Zapfen"-Sehen bei Tage sowie das ,,Stäbchen"-Sehen bei Nacht.

87

Beobachter dieser Decksarbeit die Augen schließen oder eine andere Blickrichtung einnehmen, damit nicht die gesamte Besatzung anschließend wieder 30 Minuten braucht, um das kurzzeitig geblendete Auge wieder langsam an die Dunkelheit zu gewöhnen.

Nach Untersuchungen des amerikanischen Professors A. J. Adams von der Universität Berkeley in Kalifornien schränkt übrigens der Genuß von Alkohol die Nachtsehfähigkeit beträchtlich ein. Schon zwei Gläschen hemmen die Produktion des Sehpurpurs in der Netzhaut, die für die Anpassung des Auges an die Dunkelheit unentbehrlich ist. Es empfiehlt sich also nicht, in einer kalten Nacht der Wache in der Plicht einen Tee mit Rum zu kredenzen. Man sollte es lieber beim altbewährten ,,Mittelwächter" belassen, einem starken Kaffee. Wird er aber spät nach den Abendmahlzeiten um Mitternacht serviert, sollte man Kekse, Brot oder andere feste Nahrungsmittel unbedingt dazu reichen und sie vor dem ersten Kaffeeschluck essen lassen.

Steuern nach den Sternen

Die Kompaßbeleuchtung darf den Rudergänger nicht nachtblind machen

Wenn der Rudergänger bei Nacht einen genauen Kompaßkurs steuern soll, muß er sowohl den Steuerstrich als auch die Ziffern und Zeichen der Gradrose deutlich erkennen können. Blickt er nämlich von einem zu hell erleuchteten Kompaß zu den Segeln empor oder wirft er gelegentlich einen prüfenden Rundblick an die Kimm, dann ist er meistens geblendet und kann als Ausguck wenig erkennen. Aus dieser Kalamität ergibt sich der Zwang, einen Dimmer oder Regelwiderstand vor dem Kompaßlicht einzubauen, um die Helligkeit der Kompaßbeleuch-

tung sowohl den unterschiedlichen Lichtverhältnissen in einer mondhellen oder einer sternenklaren Nacht als auch den besonderen
Bedingungen des Steuerns und Ausguckhaltens anpassen zu können.
Der Nachteil dieser Regler: Sie können korrodieren und sollten daher
am Ende der Saison gegebenenfalls überholt und gepflegt werden.
Ein wichtiger Tip für die elektrische Zuleitung: Die beiden Kabel, die
von der Batterie oder dem Schaltkasten zur Lampe führen, müssen
um die gesamte Länge umeinander verdreht sein, sonst kommt es
trotz Abschaltung zu Dauerlicht oder Störungen.
Versagt der Dimmer oder verzichtet man auf einen Regelwiderstand,
verwandelt man die Birne mit Hilfe von dünn aufgestrichenem Nagel-
lack in Rotlicht, das ebenfalls für ausreichende Beleuchtung der Kompaßrose des Steuerstriches sorgt.
Bei einigen Kompaßtypen sind die Striche der Kompaßrose und die
Steuerstriche am Gehäuse aus einer Leuchtfarbe gezeichnet. Strahlt
man sie bei Beginn der Nacht einige Sekunden lang mit der Taschenlampe an, sind sie mehrere Stunden lang mit dem Auge, das seine
volle Nachtsehschärfe erreicht hat, ausreichend deutlich zu erkennen.

Steuern nach den Sternen

In einer sternenklaren Nacht oder auch bei leichtem Mondlicht kann
man auch nach den Sternen steuern. Der Himmel darf dabei jedoch
nicht gelegentlich durch in Kursrichtung stehende oder ziehende Wol-
ken verdeckt werden. Hierzu peilt man bei dem anliegenden Kompaßkurs einen markanten Stern oder einen charakteristischen Sternen-
haufen vom (auch seitlichen) Rudergängerplatz an und wählt als
Deckpeilung den Mast, ein Unter- oder Oberwant oder auch das von
Saling, Mast und Want im Topp gebildete Dreieck.
Natürlich muß man etwa alle 5 Minuten die hohe Kursmarke in der
Deckpeilung mit dem Kompaßkurs überprüfen. Aber durch den gelegentlichen Wechsel von Nahsicht (auf den Kompaß) und Fernsicht
(auf die Himmelsmarke) schont und entspannt man die Augen. Auch
für die Nachtsehfähigkeit ist es angenehmer, wenn man sowohl beim

Ausguck als auch beim Kurshalten die Augen unverändert auf Weit-
sicht einstellen kann. Nach einiger Übung wird man erstaunt sein, wie
genau sich auch mit einer solchen Hilfsmarke ein genauer Kompaßkurs steuern läßt.

Beachte jedoch dabei: Da sich das Himmelsgewölbe (scheinbar) ent-
gegen dem Uhrzeiger um den Nordstern als Mittelpunkt langsam
dreht, muß man sich bei unverändertem Kompaßkurs alle halbe
Stunde entweder einen neuen Stern suchen oder ihn aus der Plicht in
einem geringfügig veränderten Winkel anpeilen, beispielsweise: nicht
mehr eine direkte Deckpeilung über das Want halten, sondern den
Stern in einem entsprechenden seitlichen Abstand zu ihm zu halten.
Übrigens läßt sich die Richtung der Deckpeilung zu einem ausgewan-
derten Stern auch durch eine geringfügige seitliche Änderung des
Rudergängerplatzes ausgleichen.

Die Himmelsuhr des „Großen Bären"

Wir wissen, daß der Polarstern nahezu über dem Nordpol unserer
Erde steht und sich das Himmelsgewölbe mit seinen unzähligen Sternen und Sternenbildern scheinbar rund um diesen Kreismittelpunkt
dreht. Da eine volle Kreisbewegung im Verlauf von ungefähr 24 Stunden erfolgt, kann man die Zeit einer Nachtwache auch nach den
Sternen messen, wenn man die Bewegung der Sternenbilder selbst in
eine entsprechende Beziehung zum Nordstern als Kreismittelpunkt
setzen kann.

Das prägnanteste Sternbild für diesen Zweck ist der „Große Wagen"
oder „Große Bär", der uns ohnehin dazu dient, die Position des Nordsterns im verwirrenden Sternengeflimmer herauszufinden: Verlängert
man bekanntlich den hinteren Kasten des Wagens, der von den Sternen Dubhe und Merak gebildet wird, um das Fünffache ihres Abstandes zur Seite der Deichsel, dann trifft man ziemlich genau auf den
Nordstern oder Polaris.

Abb. 56 zeigt den Weg, den der „Große Wagen" im Verlauf einer
Nachtwache zurücklegen kann, beispielsweise am 23. Mai zwischen

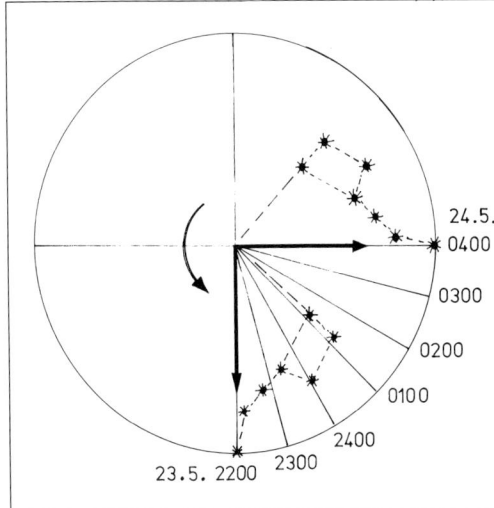

Abb. 56: Der Weg des „Großen Wagen" zwischen 22.00 Uhr am 23. 5. und 04.00 Uhr am 24. 5.

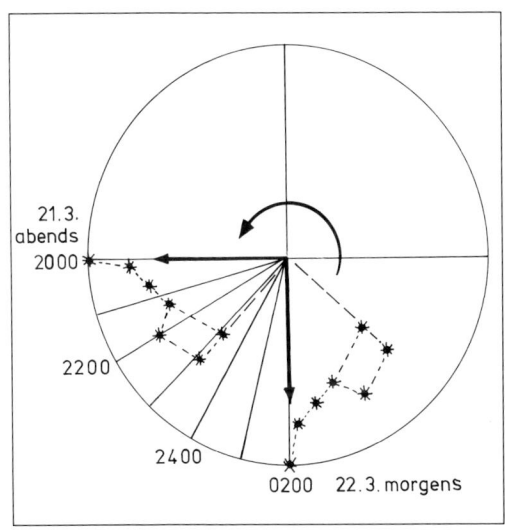

Abb. 57: Der Weg des „Großen Wagen" zwischen 20.00 Uhr am 21. 3. und 02.00 Uhr am 22. 3.

2200 abends und 0400 morgens. Betrachten wir das Himmelsgewölbe wie eine große Uhr, dann nimmt er die Ausgangssituation in der Abenddämmerung etwa in der Position „0600" auf einem Zifferblatt ein und verschwimmt am Morgen, wenn der kleine Zeiger unserer Bord- oder Armbanduhr auf die Ziffer 3 zeigt. Stündlich dreht sich dabei das Himmelsgewölbe um 15 Grad, während der kleine Zeiger auf unserer Uhr seine Stellung in der gleichen Zeit um 30 Grad ändert. Unsere Himmelsuhr arbeitet bekanntlich in einem nahezu konstanten Jahresrhythmus, d. h. die entsprechende Ausgangssituation in der Stellung des Großen Wagens bei Beginn des Abends verändert sich fortlaufend und geringfügig. So treffen wir beispielsweise am 21. März die in Abb. 57 gezeichnete Situation zwischen 2000 und 0200 des folgenden Tages an. Welche Ausgangslage der „Große Wagen" aber auch immer hat, die abgelaufene Zeit läßt sich von dieser Himmelsuhr ständig und annähernd genau ablesen.

Diese Bewegungsphasen zeigen gleichzeitig, wie auch andere hell leuchtende Sterne in markanten anderen Sternbildern in der Nähe des Horizontes, die wir uns als Fixpunkte zum Steuern für den gewünschten Kompaßkurs ausgesucht haben, ihre Position verändern – und warum wir uns nach spätestens 30 Minuten entweder einen anderen Stern für unsere Bord-Deckpeilung suchen müssen oder (nach entsprechendem Kompaßvergleich) unsere Sitzposition an Bord verändern müssen, wenn der gleiche Stern über diese Zeitspanne hinaus weiter als Kursmarke dienen soll.

Einfache Breitenbestimmung nach dem Nordstern

Seitdem Menschen außerhalb von Landsicht über die Weltmeere segeln, ist der Nordstern auch das beste und genaueste Objekt zur Schiffsortbestimmung. Bekanntlich muß man nur den Winkel zwischen dem Horizont und dem Nordstern messen, um die geographische Breite des Schiffsortes in Graden und Minuten zu erhalten.

Die frühesten Seefahrer benutzten hierzu anstelle unserer heutigen Sextanten die primitivsten Geräte von einem ausgestreckten Arm mit

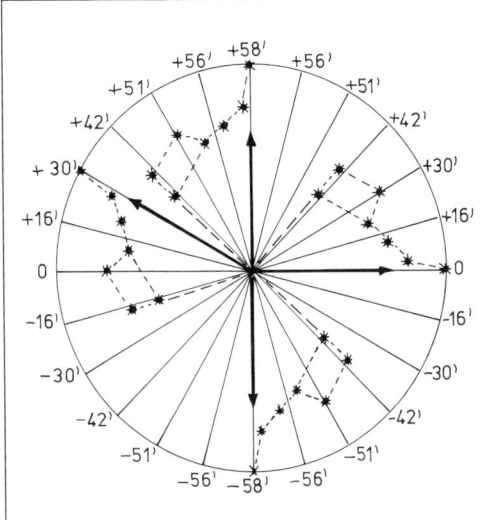

Abb. 58: Die Korrekturen für eine Nordsternbreite lassen sich aus der Stellung des „Großen Wagen" während der Nacht ziemlich genau ablesen.

gespreizten Fingern im Altertum bis zum Jakobsstab des Mittelalters. Sie wußten auch bereits, daß der Nordstern nicht genau den Himmelsnordpol bezeichnet, sondern in einem kleinen Kreis um ihn herumwandert. Man muß also eine kleine Korrektur anbringen, um tatsächlich die genaue Breite zu erhalten. Aber auch ohne diese Korrektur kann der größte Fehler nur 60 sm betragen.

Während wir heutigen Yachtnavigatoren nur lernen, diese Korrekturwerte nach Zeit und Ort dem nautischen Jahrbuch zu entnehmen, kann man sie mit gleicher Genauigkeit auch aus der Stellung des Nordsterns selbst ablesen, die an der Himmelsuhr des Seglers mit Hilfe des „Großen Wagens" recht genau angezeigt wird. Die alten Seefahrer hatten übrigens nur diese Möglichkeit, solche Korrekturwerte zu erkennen – und sie hatten sie auch ohne gedruckte Tafeln jederzeit über dem Horizont vor Augen.

Abb. 58 zeigt uns, daß beispielsweise in der unserer Armbanduhr vergleichbaren Zeigerstellung „0300" und „0900" des Deichselsterns die gemessene Nordsternhöhe der geographischen Breite entspricht und Korrekturen nicht erforderlich sind. Bei der Stellung „1200" des vorderen Deichselsternes Alkaid müssen 58 Bogenminuten oder nahezu ein Grad addiert werden, in der gegenüberliegenden Stellung „0600" muß man ein Grad abziehen. In den Zeigerpositionen „0400" und „0800" sind 30 Minuten abzuziehen, in den Positionen „0200" und „1000" sind 30 Minuten zu der gemessenen Höhe zu addieren, um die richtige geographische Breite zu erhalten. Die entsprechenden Zwischenwerte kann man der Zeichnung entnehmen. In jedem Falle wird man mit diesen Schätzwerten eine auf etwa 5 sm genaue Breite erhalten, eine für jeden Landfall ausreichende Genauigkeit.

Da sich eine Nordsternbreite mit dem Sextanten nur in der Dämmerung nehmen läßt, wird man immer auf diese Korrekturwerte bei jeder möglichen Stellung des Großen Wagens zurückgreifen müssen. Die oben genannte mögliche Ungenauigkeit des Standortes beruht letztlich darauf, daß sich (für das Ablesen der Korrekturwerte an der Himmelsuhr) die exakte Position des Deichselsternes zu den hier eingezeichneten Hilfslinien nicht so genau abschätzen läßt.

Mittelwächter und Hasenbrot

Die Kondition der Crew während einer Nachtfahrt ist eine Sache der Verpflegung, und somit hat auch der Smut an dem Gelingen seinen Anteil, selbst wenn er während der gesamten Zeit der Dunkelheit in seiner Koje liegt und schläft. Hier nur ein paar Tips, wie er die richtige Verpflegung für die Nachtwachen zusammenstellen und die Ausgabe auch um Mitternacht vorbereiten kann:

In jedem Falle kommt es darauf an, die Besatzung in der Plicht mit handfester und warmer Nahrung zu versorgen und ihr nicht nur Verlegenheitskost in der Form von „Mars", „Bounty" und ähnlichem süßen Naschwerk anzubieten, das „verlorene Energie" zurückbringen soll. Leistungsfähig unter schwierigen Bedingungen bleibt die Crew nur, wenn man ihre Nachtfahrt-Energie mit den geeigneten Nahrungsmitteln erhält oder erneuert und diese Kost nicht in einer großen, schwergewichtigen Mahlzeit, sondern in kleinen, appetitlichen Proben und nach solchen Zeitspannen zuführt, die gleichzeitig eine eintönige Wache mindestens einmal unterbrechen.

Gelegentliche Eß- und Trinkpausen haben nicht nur den Vorteil, daß der Magen nicht auf einmal gefüllt und eine ohnehin um Mitternacht um Schlaf kämpfende Person noch weiter ermüdet wird. Sie bewirken auch, daß der Magen (auch im Hinblick auf mögliche Seekrankheit) immer etwas zu tun hat und der Nachtwächter gleichzeitig angeregt wird, anstatt (nach eintöniger Arbeit als Ausguck oder am Ruder) weiter abzuschlaffen.

Anstelle verallgemeinernder Tips will ich Ihnen erzählen, wie Ruth seit über 30 Jahren gemeinsamer Segelzeit die Kondition von Vater und Kindern sowie natürlich aller Mitsegler an Bord, wenn es sie gab, sowohl auf mehrwöchigen Atlantikreisen als auch bei Wochentörns über die Nordsee oder die Biscaya und selbstverständlich bei mehrtägigen Nachtfahrten in der Ostsee oder im Kattegat erhalten hat:

Auf unseren „Cormoran"-Yachten gibt es abends gegen 2000 Uhr die letzte und morgens gegen 0600 Uhr die erste volle, warme Mahlzeit, wozu mindestens warmer Kaffee oder Tee und ein paar Spiegeleier für jedes Crewmitglied gehören. Segle ich mit Ruth allein, verschieben sich diese Mahlzeiten auf Sonnenuntergang und Sonnenaufgang. Es sind dann gleichzeitig die Zeitpunkte für den (an anderer Stelle ausführlich geschilderten) Wachwechsel; denn ich fahre grundsätzlich bei Nacht, und Ruth läßt mir dann die vorhergehenden bzw. anschließenden drei Stunden Ruhezeit, in denen sie (wenn möglich) die Mahlzeiten vorbereitet. Nach dem Essen werden dann die Segel für die Nachtfahrt getrimmt, und Ruth geht nach dem Aufklaren der Pantry für eine volle Nachtruhe in die Koje. Mittelwächter und Hasenbrot stehen auf dem Schwingkocher. Erfrischungsgetränke haltere ich mir griffbereit am Steuerstand in der Plicht:

Den Kopf der Steuersäule haben wir mit einem Teakbrett garniert, in dessen vier runde Ausnehmungen Thermosbecher hineinpassen. In den Plichtecken, die durch Kajütrückwand und Süll gebildet werden, befinden sich Halterungen für übliche Literflaschen. Damit man, falls erforderlich, auch anderswo am Plichtrand Gläser, Bierdosen oder Flaschen schlingersicher und griffbereit aufbewahren kann, benutzen wir kardanische Saughalterungen, die hingestellt oder angehängt werden können. Sie sind robust und praktisch, weil man sie an jeder beliebigen Stelle befestigen kann.

In warmen Gegenden erfrischt sich die Nachtwache durch ,,Weinverschnitt'' oder ,,Wasserwein'', wie wir es nennen, der in den hier gestauten Flaschen untergebracht ist. Das ist eine je nach Bedarf und Geschmack, aus Mineralwasser ohne Kohlensäure (wie man es beispielsweise im Mittelmeer landesüblich in 1,5 l Plastikflaschen als Trinkwasser in jedem Geschäft kaufen kann) und leichtem Landwein hergestellte Mischung im Verhältnis von etwa 1 : 1, die schon die alten Griechen tranken. Sie regt etwas an, man freut sich auf den die Zeit verkürzenden Schluck, und in einer warmen Nacht kann man sich damit viele Stunden lang erfrischen, ohne daß durch den sehr geringen Alkoholgehalt die Nachtsehfähigkeit eingeschränkt ist. Gibt man den Saft einer ausgepreßten Zitrone in die Wasserflasche hinein, versorgt man den Körper gleichzeitig mit jenen Vitaminen, die gut gegen Nachtblindheit sind.

Eine Tüte mit Nüssen, Rosinen oder anderem Knabberzeug hat man am besten in der Jackentasche. Die Zeit vergeht schneller, wenn man gelegentlich auch etwas zum Kauen hat. Die handfeste Nahrung steht griffbereit auf einem mit einer Frischhaltefolie überzogenen Teller, der auf dem Schwingkocher allen Seegangsbewegungen folgen kann: Es sind belegte Brote, einige hartgekochte Eier ohne Schale, zwei in fingerlange Stücke geschnittene geschälte Gurken, ein Dutzend Apfelsinenscheiben und vielleicht ein Stück kaltes Fleisch. Hier kann sich jeder bedienen, wann er will. Über der zweiten Flamme steht ein hoher Topf, dessen Halterungen sorgfältig angezogen sind, und darin eine Thermoskanne mit einem starken Kaffee, dem „Mittelwächter". In kalten Gebieten wird der Wasserwein in der Plicht durch warmen Tee ersetzt, der entweder aus einer Thermoskanne eingeschenkt wird, die griffbereit in einer der genannten Plichthalterungen steht, oder den man sich dann auch von der kardanischen Aufhängung in der Kombüse holen muß. Für regelmäßiges Trinken ist Tee sicher bekömmlicher als Kaffee, aber für eine richtige Mittelwächter-Mahlzeit ziehe ich den Kaffee vor.

In kalten Gewässern gibt es auch – zusätzlich zum kalten Buffet – gegen Mitternacht eine warme Suppe, die entweder am Abend gekocht und in einem Thermogefäß aufbewahrt ist, oder die der Smut auch (in hartem Wetter, wenn oben viel Arbeit ist oder mehrere Personen zur Nachtwache in der Plicht gehören) frisch kocht. Dieser „Kalorienstoß" war für uns immer sehr wertvoll, und es gab ihn auch bis Windstärke 10 und auf einem viele Stunden beiliegenden Boot. Hier war er in mancher dunklen Nacht, die erfüllt war vom Lärm des Windes und dem Anprallen der See gegen das weit überliegende Boot, ein wirklicher Lebenswecker.

Die meisten Fahrtenyachten, die heutzutage in der Ostsee oder im Mittelmeer unterwegs sind, werden meistens nur eine Nacht durchsegeln müssen, um an ein entfernteres Fahrtenziel zu gelangen. Aber auch in dieser einzigen Nacht sollte die Crew durch eine handfeste warme Mahlzeit erfrischt werden – und sei es nur durch eine leckere Wurst- und Käseplatte mit frischem, warmem Tee für alt und jung, Nachtwächter und Freiwächter gleichermaßen. Denn auch bei Sonnenaufgang soll ja die ablösende Morgenwache voll einsatzbereit und die abgelöste Nachtwache zwar müde, aber nicht am Ende ihrer Kräfte sein.

Wenn Schiffe begegnen:
Das Wichtigste ist das Richtlicht

Neben einem einzelnen weißen Licht, das Kleinfahrzeuge in Fahrt, die Hecks kleiner und großer Schiffe oder Ankerlieger bezeichnen kann, sichten wir auf einer Nachtfahrt am meisten weiße Zwillingslichter in einem nahezu konstanten vertikalen und horizontalen Abstand voneinander, von denen ein Licht an der Kimm ein kleines Stück über dem anderen steht. Dies sind die Topplichter nahezu jedes Fracht-, Fahrgast- oder sonstigen Berufsfahrzeuges und somit der Masse der Großschiffe, die alle Seegebiete befahren. Nach der Seestraßenordnung müssen nur Fahrzeuge über 50 m Länge das zweite Topplicht führen. Aber glücklicherweise setzen auch schon kleinere Schiffe wie Kümos, Fähren und Schlepper dieses (zusätzliche) „Richtlicht" (Abb. 59).

Das Sichten dieser höhenversetzten Zwillingslichter ist für den Wachhabenden auf einer nachts segelnden Yacht sehr aussagekräftig, denn es bedeutet:

• Das fremde Fahrzeug ist beim Ausmachen dieser Lichter und unter den Bedingungen einer „guten Sicht" noch etwa 6 sm entfernt, denn so weit müssen seine Topplichter nach der Seestraßenordnung tragen.

• Da das zweite Topplicht achterlicher und höher als das vordere Topplicht angebracht ist, kann man aus der Stellung der beiden Lichter zueinander den Kurs des fremden Fahrzeugs gut erkennen. Hierzu bedarf es jedoch nicht nur einer räumlichen Vorstellung, sondern auch etwas Übung in der Interpretation seiner Lage.

• Bei jeder der nachstehend genannten 7 Lichterstellungen kann man, wenn wir nicht nur segeln, sondern unter Motor laufen, auf eigene mögliche oder notwendige Maßnahmen zur Kursänderung verzichten, bis die (roten oder grünen) Seitenlichter auftauchen. Nach

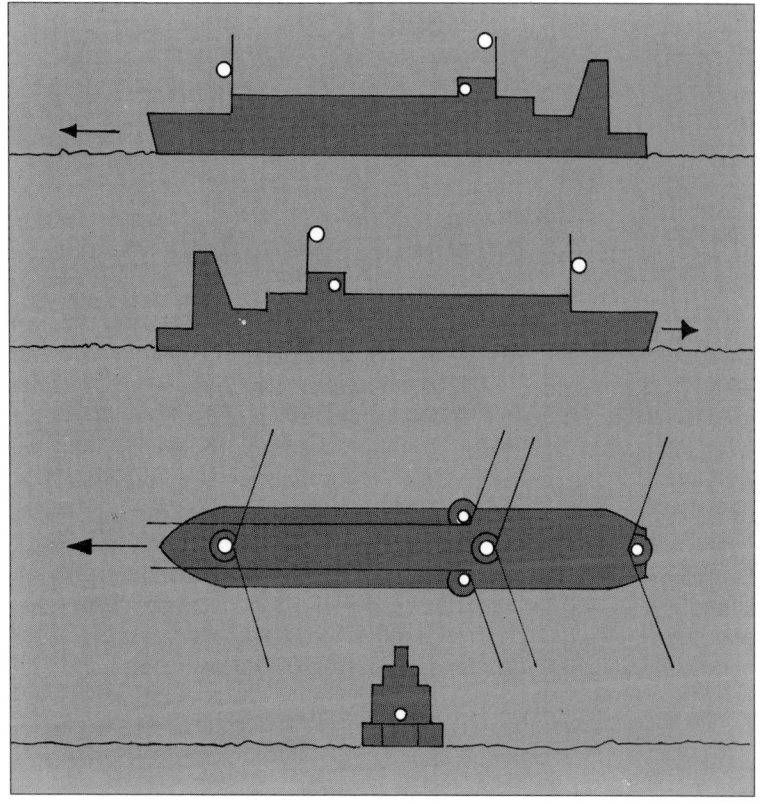

Abb. 59: Die Lichterführung eines Fahrzeuges über 50 m Länge mit dem zweiten Topplicht als „Richtlicht".

der Seestraßenordnung müssen sie bekanntlich eine Tragweite von 3 sm haben, und sie bestätigen uns letztlich, ob die von uns angenommene Kursrichtung des fremden Fahrzeugs richtig ist.

● Um die Vorstellungskraft bereits vor Antritt einer Nachtfahrt zu verbessern, schneide man sich aus einem Stückchen Pappe in Post-

99

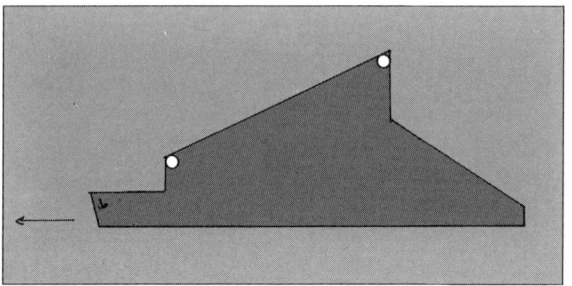

Abb. 60: Mit einem so ausgeschnittenen Stückchen Pappe lernt man die „Lage" eines Schiffes bei Nacht.

kartengröße eine Art dreieckige Schiffssilhouette aus (Abb. 60) und lasse sich auf einem Tisch alle jenen möglichen Positionen einnehmen, in der wir die Zwillingslichter sichten werden. Man beachte jedoch, daß das höhere Richtlicht nicht immer in der Nähe des Hecks oder im letzten Schiffsdrittel stehen muß. Bei vielen Schiffen wie Tankern, Containerschiffen, Massengutfrachtern u. a., die kein eigenes Ladegeschirr an entsprechend hohen Masten fahren, können beide Lichter dicht hintereinander im vorderen Drittel oder sogar Viertel installiert sein, und sie können auch weit vor den Seitenlichtern liegen.

Abb. 61 zeigt Ihnen 7 mögliche Lichterkombinationen des unteren und oberen Topplichtes. Überlegen Sie bitte zuerst, welche „Lage" die

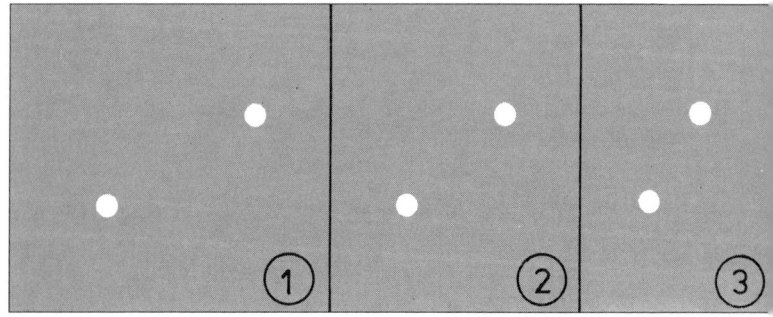

Abb. 61: Mögliche Lichterkombinationen, mit denen man bei Nacht ein größeres

hier gezeigten 7 Fahrzeuge haben, d. h. welchen Kurs sie in jeder gezeigten Position steuern bzw. welcher Winkel zwischen unserer Peilrichtung und deren Kursrichtung gebildet wird. Auf der nächsten Seite ist dann in Abb. 62 sowohl in gleicher Ansicht wie auf einer Aufsicht dargestellt, welche tatsächlichen Kurse die hier nur durch ihre Topplichter erkennbaren Schiffe tatsächlich steuern. Es bedarf nur wenig Übung, um die gleichen Erkenntnisse auch in der Praxis zu gewinnen.

Wenn auch die Stellung der beiden Topplichter zueinander schon ungefähr zeigt, welchen Kurs das fremde Schiff steuert, nehmen wir doch bei jeder Sichtung auch eine grobe Seitenpeilung vor. Wiederholen wir sie einige Minuten später, werden wir aus der Auswanderung eine zweite Erkenntnis gewinnen, in welcher Richtung sich das andere Schiff bewegt, oder ob (falls die Peilung steht), es mit uns auf Kollisionskurs liegt.

Wandert dabei das fremde Schiff in Richtung zu unserem Bug aus und vergrößert sich dabei gleichzeitig der Abstand der beiden Topplichter voneinander, wird es sicher vor unserem Bug unsere Kurslinie kreuzen (Abb. 63).

Verringert sich hingegen der Abstand zwischen oberem Richtlicht und unterem Topplicht (Abb. 64), während gleichzeitig die Peilung nach achtern auswandert, wir also scheinbar schneller zu laufen scheinen

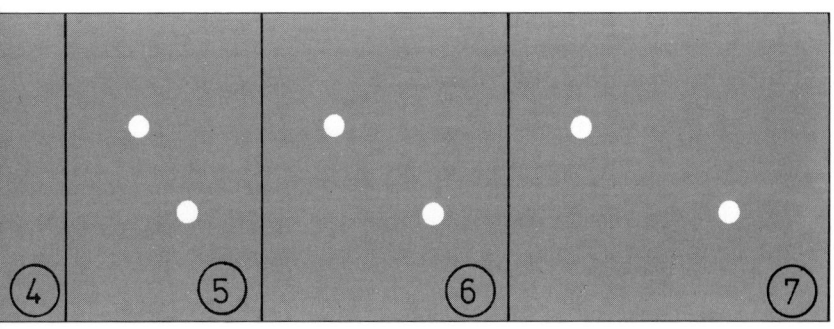

Fahrzeug sichtet (siehe hierzu auch die Abb. 62).

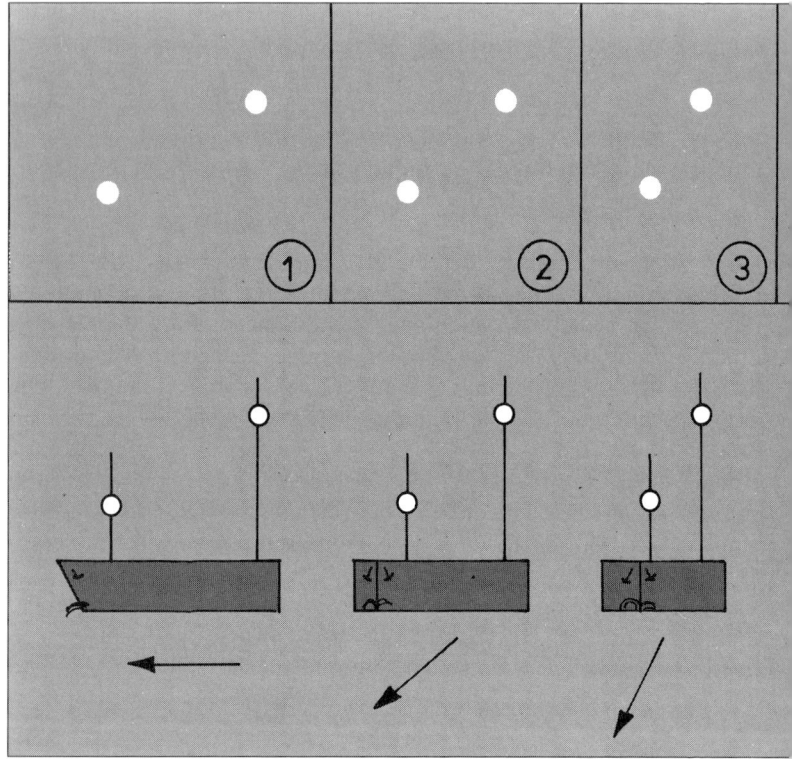

Abb. 62: Die in Abb. 61 bewußt nur in Seitenansicht dargestellten Fahrzeug-

und den Kurs des fremden Fahrzeugs vor dessen Bug kreuzen werden, kann es kritisch werden:
Ist das (in diesem Falle grüne) Positionslicht noch nicht in Sicht, liegt
das fremde Schiff auch in Pos. 2 noch sehr viel weiter entfernt, als es
bei der ersten Peilung den Anschein hatte, und wir können diesen
Kurs gefahrlos weiter durchhalten.

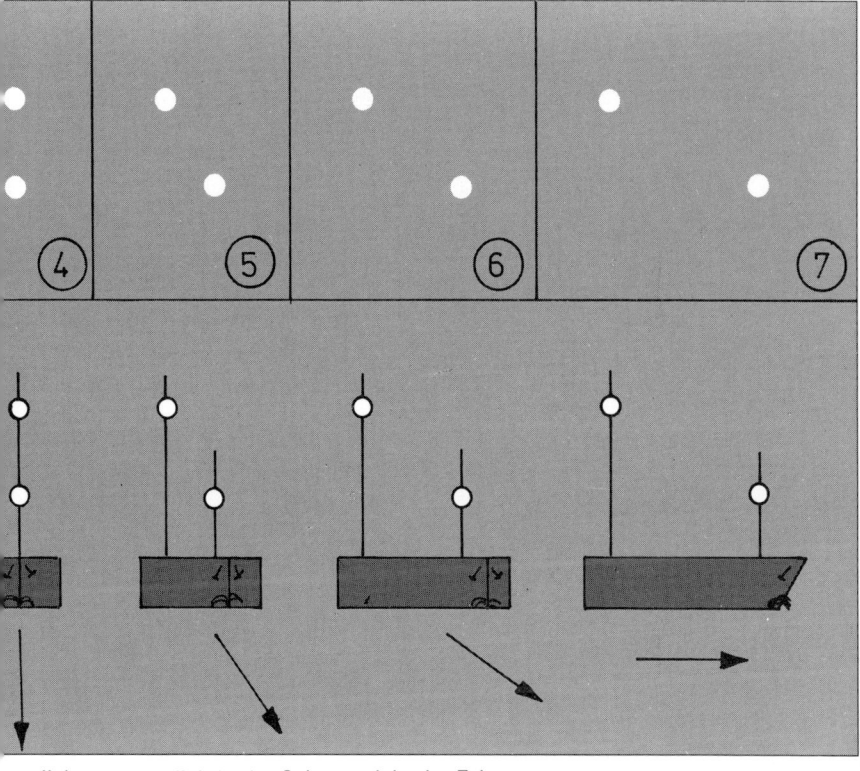

lichter zusätzlich in der Seitenansicht der Fahrzeuge.

Ist hingegen in Pos. 2 das Positionslicht bereits deutlich auszumachen, dann lag das fremde Fahrzeug in Pos. 1 weit entfernt in einem mehr spitzwinkligen Kurs zu uns und ist jetzt im Kollisionsbereich sehr nahe. Vertrauen auf die Erfüllung seiner Ausweichpflicht? Und weiter hineinsteuern in den von der fremden Brücke nicht einsichtigen Bereich vor dem Bug eines Großschiffes? Sicher nicht empfehlenswert!

103

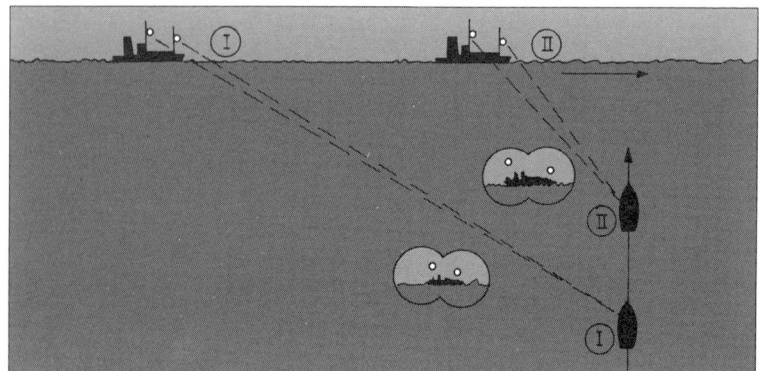

Abb. 63: Die Situation, wenn sich der Abstand der beiden Topplichter vergrößert.

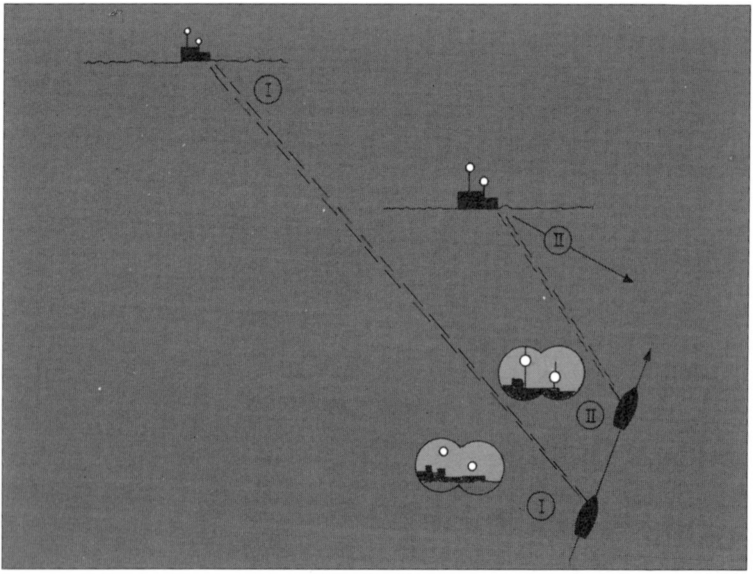

Abb. 64: Eine ähnliche Situation, bei der sich der Abstand der Topplichter
voneinander verringert.

Wie schwierig es tatsächlich ist, allein aus der Stellung der beiden fremden Topplichter zueinander den Kurs des anderen Schiffes wirklich genau zu erkennen, zeigt Abb. 65: Die gleiche Lichterkonstellation zeigt sowohl ein zulaufendes als auch ein ablaufendes Schiff mit dem bemerkenswerten Kursunterschied von 45°! Sichten wir diese Lichter, wenn das bisher unsichtbare Fahrzeug gerade eine Landspitze passiert hat, dann verändern sich die beiden Lichter bei stehender Peilung auf einem ablaufenden und einem näherkommenden Kurs identisch, und es wird lange dauern, ehe wir wirklich entscheiden können, ob die Lichter auf dem Kurs A allmählich kleiner oder bei einem Kurs B deutlich größer werden. Im Falle A kann gegebenenfalls nur das Hecklicht an ihre Stelle treten (Abb. 65), im Falle B das grüne Positionslicht in Sicht kommen.

Ähnlich zweifeln müssen wir, wenn die Lichter eines Schiffes, die

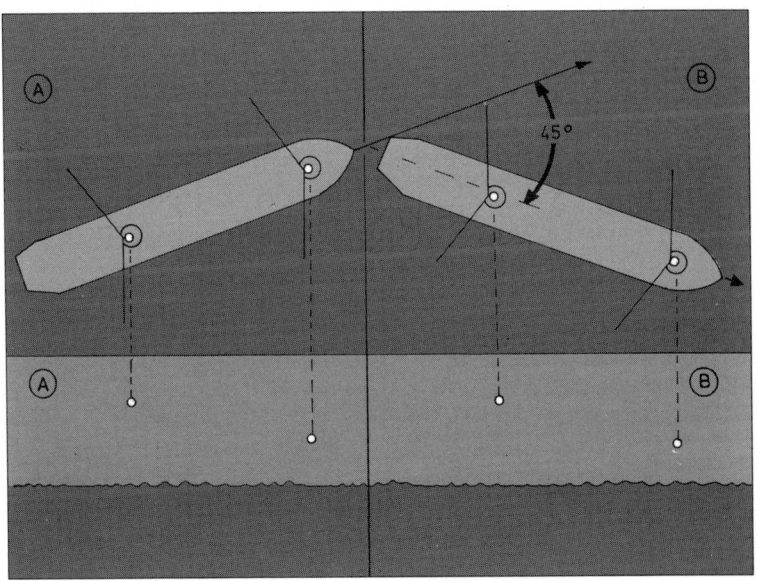

Abb. 65: Gleiche Lichterkonfiguration, aber 45° Kursunterschied.

bisher breit auseinanderstanden und ungefähr eine „Lage 90", d. h. einen Kurs im rechten Winkel zu unserer Blickrichtung signalisierten, plötzlich sehr nahe aneinanderrücken. Das Schiff hat eine deutliche Kursänderung vorgenommen. Aber hat es angedreht und läuft nun auf uns zu (wie B in Abb. 65)? Oder hat es abgedreht und läuft nun weiter von uns weg (wie A in Abb. 65)? Die Vielzahl von Lichtern an Deck, hell erleuchtete Fenster und Arbeitslichter am Ladegeschirr verwirren die

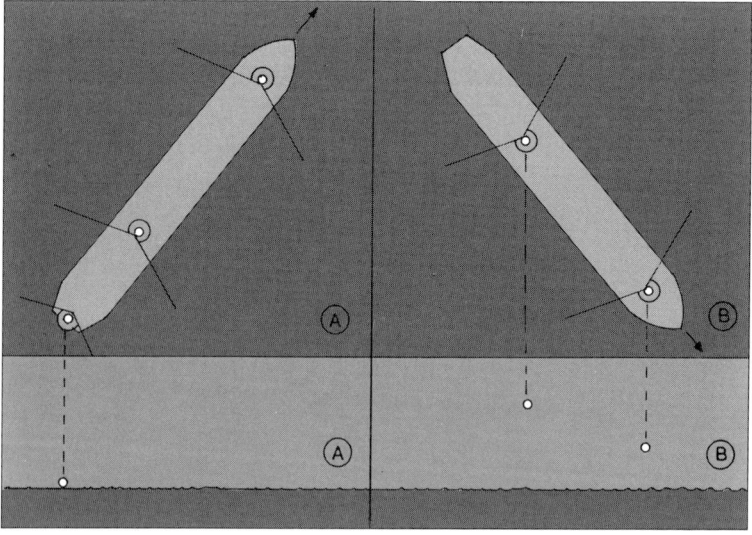

Abb. 66: Das Hecklicht oder das Zusammenrücken der Topplichter und das Sichten eines farbigen Seitenlichtes klären schließlich die Situation.

Situation oft noch mehr. Denn alle diese Leuchten überstrahlen oft die Positionslichter, die den Kurs im Nahbereich deutlicher darstellen sollen, und machen sie lange Zeit schwer erkennbar oder sogar unsichtbar.

Auf der freien See und in der Küstenfahrt wird man in jeder Nacht ein Dutzend Schiffe treffen, und die meisten von ihnen werden auf dem üblichen Schiffahrtstrack am Horizont vorbeiziehen. Zu häufigen Schiffsbegegnungen dieser Art wird es an einem Kap oder an einer Huk kommen. Schiffe wählen immer den kürzesten Weg, und sie laufen daher oft erstaunlich nahe an einer Landspitze vorbei, die auch einer Yacht als Wegepunkt dient. Zu fortlaufenden Begegnungen wird es kommen, wenn man einen Schiffahrtsweg kreuzt. Dann muß man die Kurskalkulation fremder Großschiffe schon beherrschen.

Nützlich sind diese Zwillingslichter auch beim Übersegeln größerer Seeräume, über die auch Schiffahrtstracks führen. So habe ich beispielsweise bei meinen Biscaya-Überquerungen von Land's End nach Cap Finisterre zur Standort- und Kurskorrektur auch diese Topplichter auf dem Schiffahrtstrack benutzt und mich hierzu oft in einem 5-sm-Sichtabstand gehalten. Denn es ist in der seglerischen Praxis immer erstaunlich, wie genau der Schiffsverkehr über eine Distanz von mehr als 500 sm sich tatsächlich „auf dem Strich" bewegt.

Natürlich muß ein Großschiff ausweichen, wenn es bei Nacht einen Segler sichtet. Da es jedoch niemals sicher ist, ob er unsere kleine Yacht mit ihren spärlichen Lichtern tatsächlich ausmacht, gebietet die Vernunft, dem fremden Großschiff selbst frühzeitig aus dem Wege zu laufen. Die richtige Einschätzung seines Kurses durch die beiden gesichteten Topplichter macht es uns möglich, eine Kollisionsgefahr durch eine geringfügige Kursänderung zu früher Zeit gar nicht erst eintreten zu lassen.

In jedem Falle ist es nach meiner Segelerfahrung weitaus wichtiger, die Lage der beiden weißen Topplichter zueinander für die Sicherheit der eigenen Yacht richtig zu interpretieren, als die vielen Farbkombinationen von roten, grünen und weißen Rundumlichtern nebeneinander und übereinander zusätzlich zu den üblichen Positionslichtern zu beherrschen. Denn ein „manövrierunfähiges Fahrzeug, das zusätzlich Fahrt durchs Wasser macht", oder einen „Flugzeugträger, der bei Nacht Hubschrauber starten läßt", wird man vielleicht in einem ganzen Seglerjahrzehnt mit ein paar tausend Stunden Nachtfahrt niemals

sichten – aber meistens in jeder Nacht ein Dutzend Fracht- und Fahr-
gastschiffe mit je zwei Topplichtern!

Ein ganz persönliches Wort für die einsame Nachtwache

Man denke immer daran, daß man Segelyachten und Handelsschiffe
hinsichtlich ihrer Verletzlichkeit und Beweglichkeit auf See mit Fuß-
gängern und Lastzügen im Straßenverkehr vergleichen kann: Wenn
ein Yachtsegler nicht vorsichtig ist, wird er von einem Frachtschiff
überlaufen, ohne daß dieses es merkt oder daran Schaden nimmt.
• Für alle Handelsschiffe bedeuten Kursänderungen zusätzliche
Kosten, die ein Kapitän ganz vermeiden oder in geringen Grenzen
halten will. Man kalkuliere daher als Yachtsegler weder Hilfe durch die
Handelsschiffahrt noch deren deutlich sichtbare Ausweichmanöver
ein. Soweit mir bekannt ist, muß bei unprogrammäßigen Kursänderungen von mehr als 2° (zwei!) der Kapitän zumindest „gewahrschaut"
werden. – Und welcher Nautiker riskiert es, den „Alten" zu stören oder
gar zu wecken? Ein nautischer Schiffsoffizier wird daher jedes Ausweichmanöver so anlegen, daß eine Yacht mit Wegerecht in einem
möglichst geringen Abstand passiert wird. Ich persönlich habe nicht
(mehr) die Nerven, mich in der unendlichen Weite der See von einem
riesigen Schiff eine Stunde lang mit Kollisionskurs anfahren zu lassen
und dann zu erleben, wie der Koloß ohne eine für mich sichtbare
Kursänderung einige (meiner) Bootslängen hinter dem Heck meines
Bootes (oder auch vor dem Bug) vorüberrauscht. Woher soll ich überhaupt wissen, daß die Brücke des Frachtschiffes ordnungsgemäß
besetzt ist und mich ein Ausguck erkannt hat? Da gehe ich einem
solchen Riesen lieber vorher weit aus dem Weg.
• Ich versuche immer, mich insbesondere nachts von gekennzeichne-
ten Schiffahrtswegen freizuhalten und die Nähe jener Landspitzen zu
meiden, an denen die Schiffahrtswege (oftmals sehr dicht) vorbeifüh-
ren. Bei Verkehrstrennungsgebieten, die an vielen solcher Punkte
eingerichtet sind, halte man sich landseitig der vorgeschriebenen
Einbahnstraßen. Auf keinen Fall segle man jedoch auf solchen Schiff-

fahrtswegen „gegen den Strich". Es ist ohnehin nach der Seestraßen-ordnung streng verboten.

• Insbesondere bei nächtlichen Begegnungen prüfe man bei Sichtung eines Handelsschiffes so oft wie möglich, ob die Peilung steht (das heißt: die Seitenpeilung gleichbleibt) oder ob sie auswandert (das heißt: sich verändert). Dazu muß man nicht unbedingt den Kompaß zu Rate ziehen oder einen zweiten Mann (der Freiwache) bemühen. Es genügt, wenn man von seinem unveränderten Platz am Ruder einen Peilstrahl über eine Relingstütze benutzt, der wenn nicht direkt auf die gesichteten Lichter, so doch nahe an ihnen vorbei verläuft. Insbesondere auf einem Amwindkurs, im Seegang und bei schralendem Wind, wenn der Kurs des Bootes von den Elementen selbst abhängt, sagt eine solche grobe Seitenpeilung mehr aus als eine zwar genaue, aber sich mit dem eigenen Kurs verändernde Gradzahl auf Kompaß oder Peilscheibe. Kollisionsgefahr besteht bekanntlich, wenn diese Peilung „steht", also das Objekt nicht „auswandert".

• Die in üblicher Weise (das heißt an Bug- oder Heckkorb) befestigten Positionslaternen von Yachten werden gerade dann, wenn es für ein Ausweichmanöver kritisch wird, wegen der großen Höhe des nautischen Beobachters auf einer Dampferbrücke unter dem Horizont, also „im Wasser" gesehen, und sie tauchen im Seegang dazu nur kurzzeitig aus den Wellentälern auf. Das täuscht und vermittelt den Eindruck eines Fahrzeugs in weiter Entfernung. Nicht besser sieht es für die weißen Rundumlichter aus, die an ihrer Stelle im Masttopp einer (kleineren) Segelyacht gezeigt werden können. Sie stehen weit über dem Horizont und schaffen für den Beobachter auf einer Dampferbrücke den Eindruck eines sehr weit entfernten Schiffes, dessen Aufbauten noch unter dem Horizont liegen.

Meine Erfahrung: Positionslaternen verbrauchen viel Strom, den keine Yacht bei nächtelanger Fahrt die ganze Zeit zur Verfügung stellen kann, und werden mit ihrer geringen Lichtstärke doch nicht gesehen. Es lohnt nicht, sie ständig brennen zu lassen und bei Dampferbegegnungen auf der freien See anzustecken. Eine weiße Topplaterne ist genauso nützlich, um ein auf dem Radarschirm erkanntes

Objekt auch optisch sichtbar zu machen. Auf der freien See sollte man sie aber nicht nur bei der Sichtung eines Handelsschiffes anstecken. Seine nautischen Entscheidungen sollte man immer so treffen, wie sie von einem Dunkelschiff ausgehen müßten, das heißt: Niemandem auf See zumuten, Yachtlichter erkennen und respektieren zu müssen. Natürlich muß man auf den Schiffahrtswegen selbst und allen Seeschiffahrtsstraßen immer den vollen, gesetzlich vorgeschriebenen Tannenbaum setzen, wenn man ein Verkehrsteilnehmer unter vielen anderen ist – unabhängig davon, ob diese Lichterführung nützt oder nicht nützt.

• Natürlich läuft ein Boot mit 5 oder 6 kn eine respektable und im Vergleich zur Geschwindigkeit eines Tankers oder Containerschiffes gar nicht mal so geringe Fahrt. Bei einer bestimmten Lage (das heißt dem entsprechenden Kurs zu einem möglichen Kollisionsgegner) kann diese aber relativ sehr langsam sein. Beim Arbeiten mit dem Radargerät erfordert eine solche verhältnismäßig kleine Fahrt einer Segelyacht einen sehr geschulten Radarbeobachter auf der Brücke eines Frachters, um Kurs und Fahrt der Yacht schnell genug berechnen zu können. Man sollte sich nicht unbedingt darauf verlassen, daß der wachhabende Nautiker auf einem begegnenden Handelsschiff immer ein so erfahrener Radarbeobachter ist, der eine Yacht als solche auf seinem Schirm ausmachen kann.

• In Sicht von Handelsschiffen sollten eigene Kursänderungen nicht nur so frühzeitig, sondern auch so deutlich wie möglich vorgenommen werden, damit der andere Nautiker genau weiß, was gemeint ist. Man denke immer daran, daß eine Yacht nicht zwei Dampferlichter führt und insbesondere bei Nacht daher geringfügige Kursänderungen überhaupt nicht zu erkennen sind. Da Yachten nur ihre Positionslaternen fahren, sind im Zweifelsfalle Kursänderungen von weniger als 90° in der Dunkelheit überhaupt nicht zu sehen. Dieses Maß einer Kursänderung sollte auch bei Tage als Mindestmaß gelten.

Nachtfahrt unter Segeln: Ungewöhnliches Wegerecht bei Rot an Steuerbord

Läuft man nachts unter Motor und zeigt zu seinen Positionslichtern noch ein weißes Rundumlicht (also Topplicht und Hecklicht in einer einzigen, erlaubten Vollkreislaterne), dann ist das Ausweichen einfach: Allen Booten unter Segeln, die durch die roten und grünen Positionslichter allein zu erkennen sind, muß man ohnehin ausweichen. Und bei allen Maschinenfahrzeugen, die durch das zusätzliche „Dampferlicht" über den Positionslichtern gekennzeichnet sind, gilt vom Prinzip her: „Rechts vor links" – wie im Straßenverkehr. Auch die wichtige Nachtfahrtregel, die wohl jeder Fahrtensegler kennt, sagt in ihrer Formulierung nichts anderes aus:

- Wird Rot an Steuerbord gesehen,
  so mußt du aus dem Wege gehen! (Abb. 67, Boot A.)

Befinden wir uns in der Position des Kurshalters (B), wiederholen wir am Ruder unseres Bootes, das mit Motor läuft, in unserem Gedächtnis:

- Siehst du jedoch an Backbord grün,
  kannst du getrost des Weges ziehn!
  In diesem Fall muß Grün sich klaren,
  und muß dir aus dem Wege fahren!

Und zur Vervollständigung die beiden anderen Merksätze für das Wegerecht bei Nacht unter Motor:

- Kommt Grün-Weiß-Rot voraus in Sicht,
  leg Steuerbordruder, zeig rotes Licht (Abb. (Abb. 68)!

Sowie:

- Grün an Grün und Rot an Rot:
  Geht alles klar! Hat keine Not (Abb. 69)!

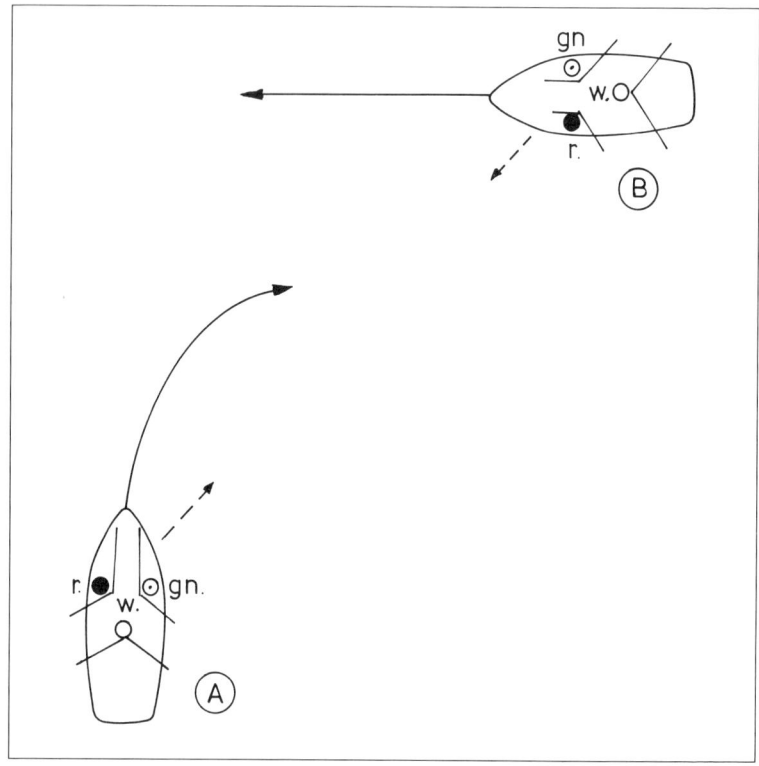

Abb. 67:

Läuft man hingegen bei Nacht unter Segeln, dann gelten diese Merksätze nicht! Besonders in einer Situation, in der die „Peilung steht" und wir mit einem anderen Boot unter Segeln auf Kollisionskurs liegen, müssen wir diese Gedächtnisstützen vergessen.

Natürlich gelten auch bei Nacht für Segelboote untereinander die Ausweichregeln, wie sie einheitlich sowohl in der Seestraßenordnung als auch in den Wettsegelbestimmungen festgelegt sind:

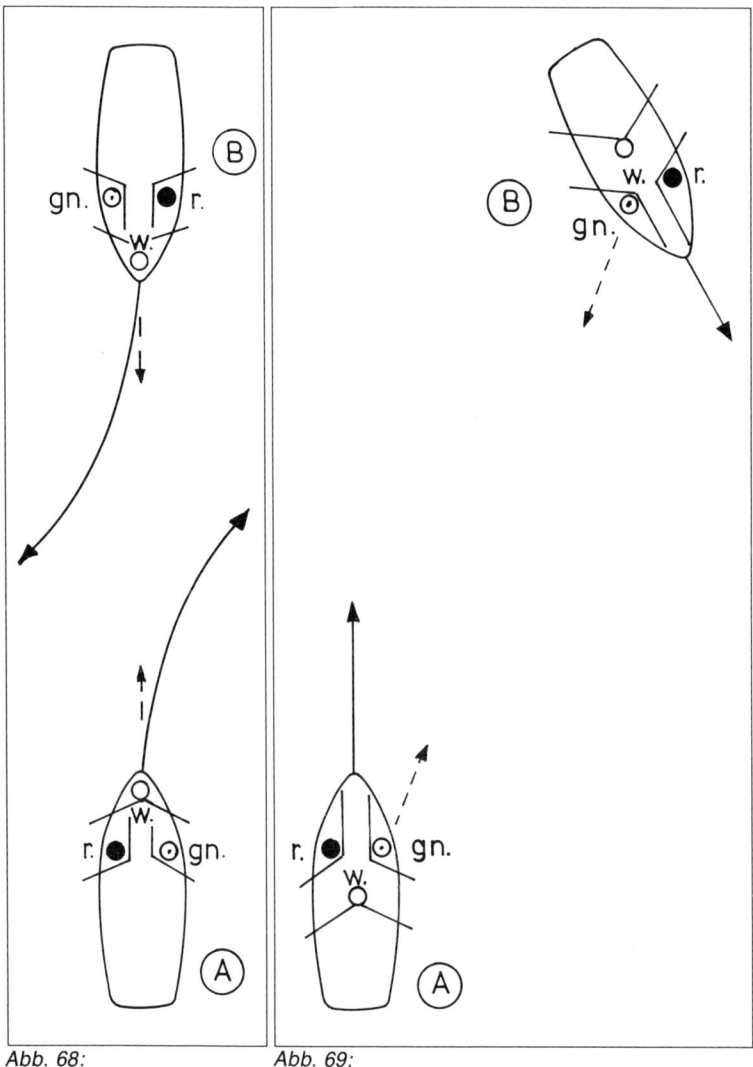

Abb. 68: Abb. 69:

113

Segeln Boote auf unterschiedlichem Bug:
- Backbordbug hat Wegerecht vor Steuerbordbug.

Segeln Boote auf gleichem Bug:
- Die Leeyacht hat Wegerecht;
  die Luvyacht muß sich freihalten.

So einfach dieses Freihalten jedoch bei Tage ist, wenn man den Kurs einer Yacht zum Wind an seiner Segelstellung und der Schotführung schon auf weite Entfernung genau erkennen kann, so schwierig wird es in der Dunkelheit: Die riesige, das Wegerecht kennzeichnende Segelfläche schrumpft zu einem winzigen Lichtpunkt der Positionslaternen zusammen.

Während man am Tage die Entwicklung einer Situation oft meilenweit verfolgen konnte, erfordert die geringe Tragweite der Positionslichter bei Nacht sehr viel schnellere Reaktionen. Verdunklungen der farbigen Lichter durch Segel und der beträchtliche Streuverlust der Laternen bei krängendem Boot bewirken zusätzlich, daß man eine Situation noch schneller beurteilen und Entscheidungen über eine Kursänderung noch geistesgegenwärtiger treffen muß. Mögliche Schwierigkeiten, dabei gegebenenfalls noch zu wenden und zu halsen und in der Dunkelheit mit Schoten zu hantieren, sollen hier nur erwähnt werden.

Eine grundlegende Erschwernis muß der Nachtsegler bei der Begegnung mit anderen Segelyachten immer beachten:
- Die Lichterführung sagt nichts über den Kurs zum Wind aus!

Dazu kommt eine andere elementare Tatsache, die nicht nur für Segelyachten, sondern auch für Maschinenfahrzeuge mit einem einzigen Topplicht gilt:
- Die Lichterführung deutet keinen genauen Kurs, sondern nur einen möglichen Kursbereich von 110° an. Der Kursfächer, den ein gesichtetes Fahrzeug steuern kann, ist also größer als ein rechter Winkel, wenn wir das rote Backbordlicht, das grüne Steuerbordlicht oder das weiße Hecklicht sichten.

In diesem Kursbereich können wir eine genaue Kursrichtung des anderen Fahrzeugs an Hand des gesichteten Positionslichtes (wie

114

auch unter Motor) nicht feststellen. Bei Segelfahrzeugen untereinander kann „der andere" jedoch zusätzlich innerhalb des Kurssektors nicht nur unterschiedliche Kurse zum Wind steuern, sondern sogar auf verschiedenem Bug laufen – mit vielen möglichen Konsequenzen für das Wegerecht.

Die folgenden Abbildungen zeigen mit kurzen, erläuternden Texten, wie sich eine solche Kursfächerung auswirkt und erklären ganz einfach, wie sich der Wachführer in Elementarsituationen verhalten muß, wenn er an der Steuerbord- oder an der Backbordseite ein grünes oder ein rotes Licht sieht. Wir beachten hierzu:

- Auch bei Nacht bestimmt die Windrichtung, wie Segelboote untereinander auszuweichen haben.
- Für Nachtfahrten ist auch die „Regel des Zweifels" geschaffen, die man beim Lernen der o. g. Segelregeln in der Seestraßenordnung und den Internationalen Wettsegelbestimmungen oft vergißt. Sie lautet als Regel 12, a III der SeeStrO: „Wenn ein Fahrzeug mit Wind von Backbord ein Fahrzeug in Luv sichtet und nicht mit Sicherheit feststellen kann, ob das andere Fahrzeug den Wind von Backbord oder von Steuerbord hat, muß es dem anderen ausweichen."

Untersuchen wir die folgenden Situationen:

1. Backbordbug am Wind, grünes Licht an Backbord (Abb. 70)

Es gilt „rechts vor links". Das grüne Licht zeigt Boote auf Steuerbordbug von „am Wind" (B) bis „raumer Wind" (C). Die Sicht des Kollisionsgegners nach Steuerbord kann durch Krängung oder Segel behindert sein. A hat Wegerecht. Sein „Manöver des letzten Augenblicks": Wenden.

Backbordbug raumschots, grün an Backbord. (Abb. 71)

GEGEN DAS RECHTSFAHRGEBOT!

Die grünen Lichter zeigen Boote auf gleichem Bug, aber in Lee und

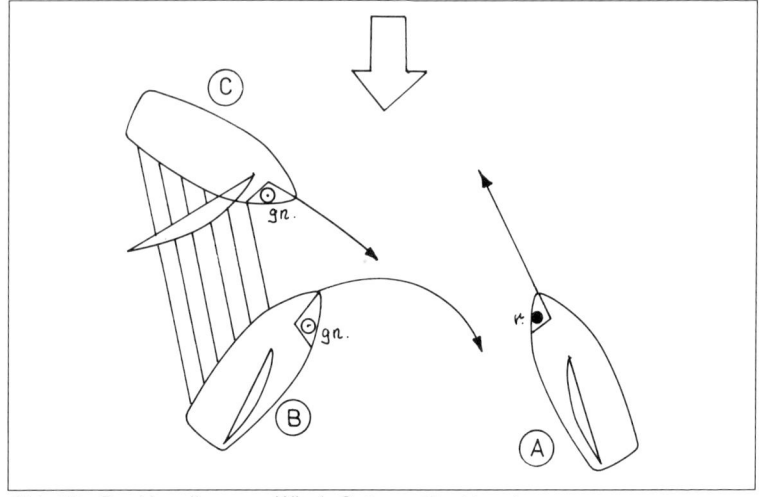

Abb. 70: Backbordbug am Wind, Grün an Backbord.

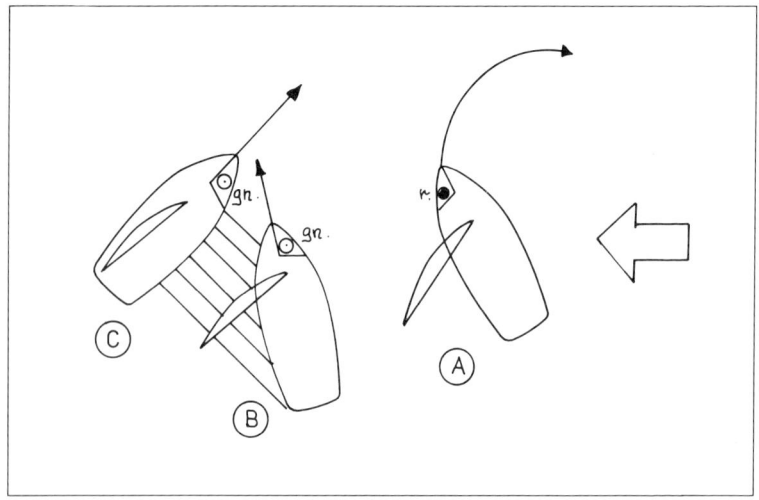

Abb. 71: Backbordbug raumschots, Grün an Backbord. Kein Wegerecht!

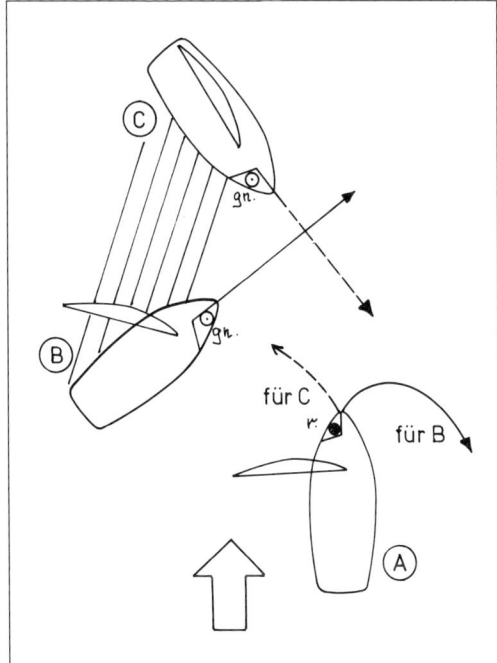

Abb. 72: Backbordbug vor dem Wind, Grün an Backbord. Kein Wegerecht!

höher am Wind (mit Kollisionskurs). Die Luvyacht A muß sich freihalten. Sie kann trotz „grün an Backbord" **nicht** getrost des Weges ziehn!

Backbordbug vor dem Wind, grün an Backbord (Abb. 72)

WIEDER GEGEN DAS RECHTSFAHRGEBOT!
Die fremden Segler B und C sehen Rot und können Kurs halten. Sie genießen den Schutz von Leeyachten, und Luvyacht A muß ausweichen. Auf diesem Vorwindkurs muß A gut Ausguck halten und frühzeitig reagieren; denn die Kurse der gesichteten Yachten können den vollen 110°-Bereich auseinanderliegen. Darum muß A nicht nur ein einziges mögliches Ausweichmanöver vorbereiten.

117

Backbordbug am Wind, rot an Backbord (Abb. 73)

Das gesichtete Licht zeigt eine entgegenkommende (B) oder eine den Kurs kreuzende Yacht (C) auf verschiedenem Bug. Sinngemäß gilt: ,,Rot an Rot, geht alles klar, hat keine Not . . .''. A hat nach beiden Seglerregeln Wegerecht. Manöver des letzten Augenblicks im Notfall: Wenden.

Backbordbug mit raumem Wind, rot an Backbord (Abb. 74)

A hat Wegerecht nach der Bugregel. Es gilt sinngemäß ,,Rot an rot . . .'' Notausweichen für A: Anluven.

Steuerbordbug am Wind, rot an Steuerbord (Abb. 75)

Ausweichen wie nach Motorregel (,,Wird rot an Steuerbord gesehn . . .'' und übliches Wegerecht ,,Rechts vor links''.

Steuerbordbug raumschots, rot an Steuerbord (Abb. 76)

Die fremden Yachten liegen in Lee und auf gleichem Bug. A muß ausweichen und sollte sicherheitshalber den Kurs von C in Rechnung stellen.

Steuerbordbug vor dem Wind, rot an Steuerbord (Abb. 77)

Ein Beispiel, wie riskant ein nächtlicher Vorwindkurs unter Spinnaker oder mit Allrounder in einem befahrenen Revier ist: Alle Yachten auf gleichem Bug. A muß als Luvyacht ausweichen. Die Entscheidung, wie sie Kurs und Segelführung ändert, ist schwierig, weil die beiden extremen Kurse von B und C in Rechnung gestellt werden müssen. Mit dieser Segelführung: guten Ausguck nach voraus und zu beiden Seiten halten und bereits weit vor Eintreten dieser Positionen handeln! (Auf Bb.-Bug gehen, aber die anderen Yachten nicht in eine ähnliche Zwangslage bringen.)

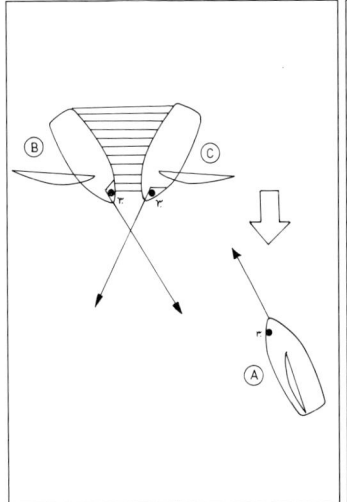

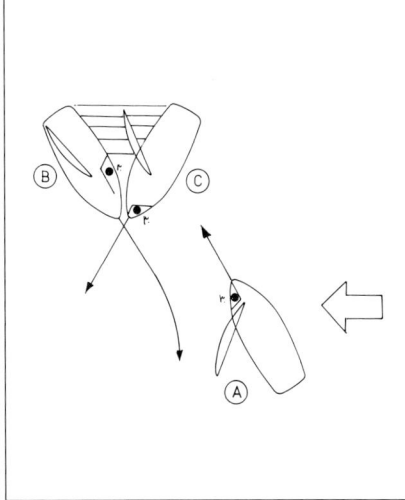

Abb. 73: Backbordbug am Wind, Rot an Backbord.

Abb. 74: Backbordbug raumschots, Rot an Backbord.

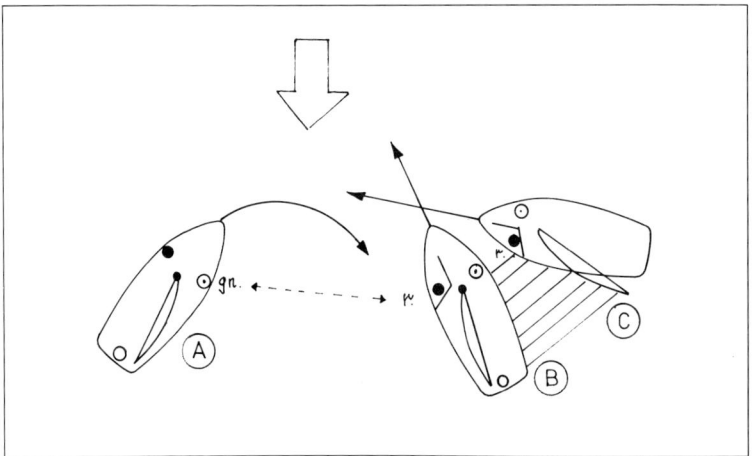

Abb. 75: Steuerbordbug am Wind, Rot am Steuerbord.

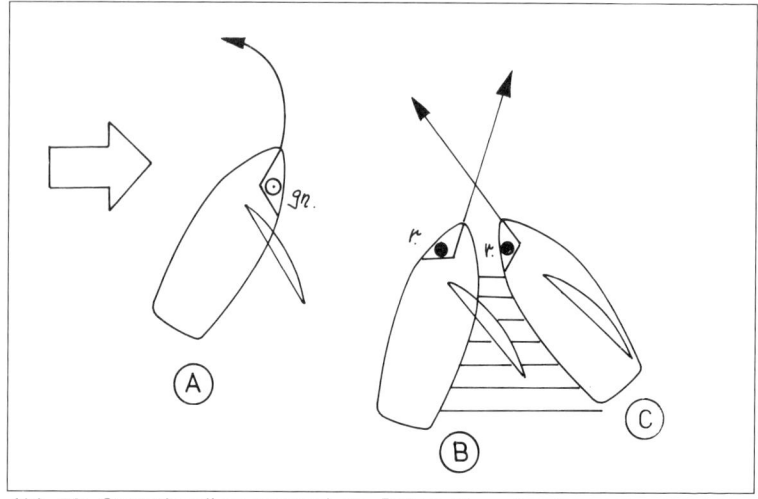

Abb. 76: Steuerbordbug raumschots, Rot an Steuerbord.

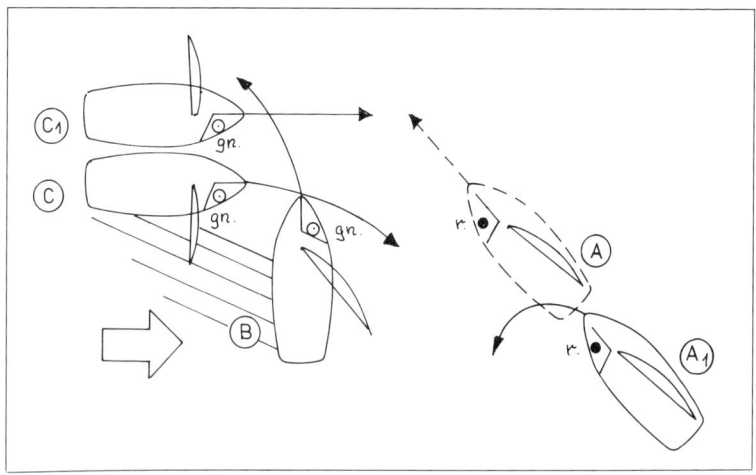

Abb. 78: Steuerbordbug am Wind, Grün an Backbord: Zweifeln und Auswei-chen!

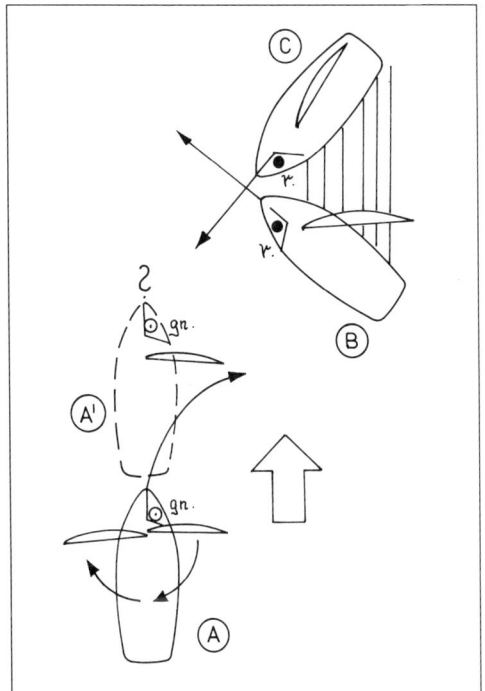

Abb. 77: Steuerbord-bug vor dem Wind, Rot an Steuerbord.

Steuerbordbug am Wind, grün an Backbord (Abb. 78)

Die Lichter zeigen Yachten in Luv, die sowohl auf Steuerbordbug als auch auf Backbordbug segeln können. Eine heikle Situation, in der Boot A nur bei hellem Mondlicht klären könnte, ob das Boot mit grünem Licht in Luv Kurs B oder Kurs C steuert.
Gegenüber Boot B besitzt Boot A immer Wegerecht, und auch Boot C muß sich freihalten. Wenn aber Yacht C auf identischem Kurs wie C1 nicht auf Steuerbordbug, sondern auf Backbordbug liegt und ein unverändertes grünes Licht zeigt, muß sich A1 auf Steuerbordbug

121

freihalten. Mein Ratschlag bei dem Sichten grüner Lichter, die an Backbord auf Kollisionskurs in Sicht kommen: A sollte bereits frühzeitig (bei A1) wenden und kurzzeitig auf Backbordbug gehen, bis das grüne Licht Steuerbord querab passiert ist.

Backbordbug mit raumem Wind, rot an Steuerbord (Abb. 79)

Wiederum eine Entscheidung gegen das Rechtsfahrgebot und das Prinzip des Wegerechts unter Motor: A kann seinen Kurs durchhalten, weil die roten Lichter an seiner Steuerbordseite entweder eine Luvyacht (B) auf gleichem Bug oder eine Yacht auf entgegengesetztem Bug (C) kennzeichnen, die ausweichpflichtig sind.

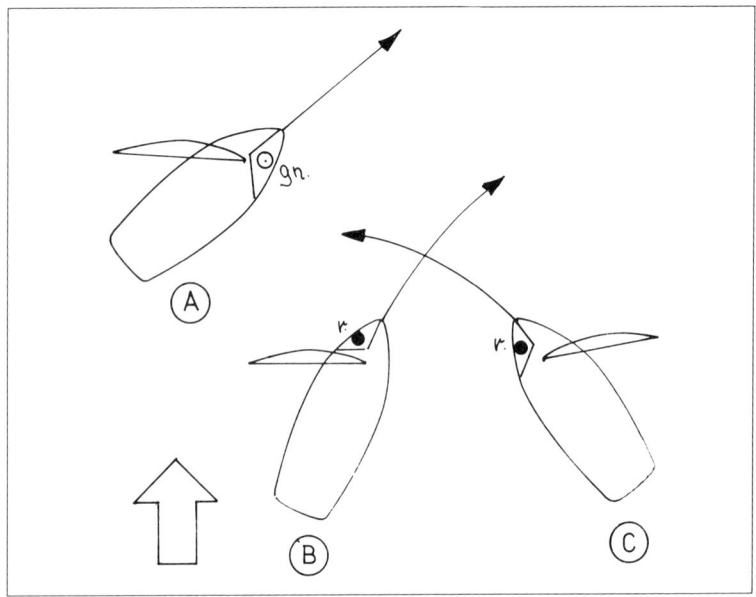

Abb. 79: Backbordbug raumschots, Rot an Steuerbord: Wegerecht!

Ich habe ihnen hier zahlreiche der möglichen Begegnungen von Yachten unter Segeln gezeigt und auf die besondere, unterschiedliche Problematik beim Ausweichen hingewiesen. Da auch Seekreuzer beim Fahrtensegeln und erst recht Rennsegler beim Regattasegeln oft die gleichen Ziele ansteuern, wird es nicht nur in der Westlichen Ostsee und im Ärmelkanal, in der Adria und anderswo zu häufigen dieser nächtlichen Begegnungen kommen.

In solchen Fällen ist wichtig, sich bei Sichtung der Lichter nicht nur vorzustellen, welche Segelführung das fremde Boot haben könnte, sondern auch darüber nachzudenken, welchen Kurs es in jenem maximal rechtwinkligem Kursbereich steuert, den die Lichterführung allein angibt. Vor allem aber müssen wir uns davon lösen, die Merksätze des Ausweichens unter Motor anzuwenden und daran denken, daß diese nur gelten, wenn das (in den Merkregeln nicht genannte) weiße Topplicht ebenfalls geführt und gesichtet wird.

Mit Lampe und Laterne wird ein Licht gezeigt

Um bei Nacht richtig gesehen zu werden und auch selbst zu erkennen, welche Arten von Fahrzeugen man auf den entsprechenden Kursen vor sich hat, sind detaillierte internationale Vorschriften (z. B. in der SeeStrO) und zusätzliche nationale Bestimmungen (z. B. in der SeeSchStrO) oder zur Baumusterprüfung und Zulassung von Positionslaternen durch das Deutsche Hydrologische Institut) erlassen worden. Hierin werden zahlreiche Fachwörter benutzt, die als internationale Begriffe einheitlich und klar definiert sind und die ich daher (in Auswahl) am Schluß des Buches vermerkt habe.

Leider halten sich zahlreiche Fachbeiträge in der Presse nicht an diese wichtigen juristischen und technischen Begriffsbestimmungen für die Nautik, und auch Fachautoren vermengen sie in Lehr- und

Sachbüchern seit Jahr und Tag in gefährlicher Sorglosigkeit. Es ist daher zuerst notwendig, bei Beginn einer etwas andersartigen und tiefer gehenden Betrachtung der Lichterführung für Yachten für mehr Klarheit zu sorgen und etwas Ordnung in falsche Vokabeln zu bringen. Schließlich müssen wir sowohl beim Erfahrungsaustausch als auch beim Kauf von Ausrüstungsteilen genau wissen, worüber wir eigentlich sprechen.

Da lesen wir gelegentlich von „Positions**lampen**", die eigentlich „Positions**laternen**" sind. Man berichtet von einer „**Lampen**verordnung", die eine „**Laternen**verordnung" ist, erzählt von „**Lampen**herstellern", die tatsächlich nur **„Laternen"** fertigen, zeigt im Bild „**Lampen**gehäuse", die nichts anderes als „**Laternen**gehäuse" sind, und nicht die **„Lampe"** ist weitgehend gegen Seewasser geschützt, sondern die **„Laterne".**

Oder da lesen wir, daß bei einer „Dreifarben**laterne**" die „Seiten**lichter**" und das „Heck**licht**" in einer gemeinsamen **„Lampe"** gezeigt werden, obwohl es sich natürlich um eine „Laterne" handelt. Auch gibt es keine „Steuerbordseiten**lampe**" und keine „Backbordseiten**lampe**", sondern nur die entsprechende **„Laterne"** oder das entsprechende **„Licht".** Wenn dann in einer Veröffentlichung fälschlicherweise von Positions**lampen** die Rede ist, die sich im Bild ganz unstreitig als Positions**laternen** erweisen, und wenig später Positions**lampen** erläutert werden, die nichts anderes als Positions**lichter** sind, ist das Dunkel in unseren Köpfen vollkommen. Dabei haben wir es gar nicht nötig, solche Bezeichnungen auf gut Glück zu wählen:

Eingebrockt hat uns diese notwendige Nachhilfestunde die sogenannte „Lichterführung" (englisch: Setting of Navigation Lights, Carrying of Lights, Positions of the Navigation Lights), wie man die durch Seestraßenordnung, Seeschiffahrtsstraßen-Ordnung und Binnenschiffahrtsstraßen-Ordnung vorgeschriebenen Lichter auch nennt, die von Sonnenuntergang bis Sonnenaufgang und am Tage bei unsichtigem Wetter auf See und im Fahrwasser von Booten und Schiffen geführt werden müssen, um Zusammenstöße und Havarien zu verhindern.

So muß z. B. nach Regel 25 SeeStrO „ein Segelfahrzeug in Fahrt **Seitenlichter** und ein **Hecklicht** führen. Auf einem Segelfahrzeug von weniger als 12 m Länge dürfen diese **Lichter** in einer **Dreifarbenlaterne** vereinigt werden." Als Ausnahmeregelung darf „ein Segelfahrzeug von weniger als 7 m Länge gegebenenfalls eine elektrische **Lampe** oder eine angezündete **Laterne** mit einem weißen **Licht** gebrauchsfertig zur Hand halten."

Ein „**Licht**" ist also ein optisches Signal, mit dem ein Fahrzeug seinen Kurs bzw. seine Lage zu einem anderen Schiff und seine Größe oder seine Arbeit anzeigt. Jedes vorgeschriebene **Licht** wird mit einer **Laterne** gezeigt, in der eine **Lampe** brennt. Lassen wir die unterschiedlichen **Lichtfarben**, die vorgeschriebene **Lichtstärke** und auch die (waagerechte und senkrechte) **Lichtverteilung** hier einmal außer acht und denken nur daran, daß es hell wird, wenn man **Licht** macht, und daß die Dunkelheit eintritt, wenn die „Lichter ausgehen". Daß „Licht" auch eine sichtbare elektromagnetische Welle mit einer Wellenlänge zwischen $0,78 \times 10^{-4}$ cm und $0,36 \times 10^{-4}$ cm und einer gleichförmigen Ausbreitungsgeschwindigkeit (Lichtgeschwindigkeit) von ca. 300 000 km/s ist, bleibt nur der Vollständigkeit halber zu erwähnen.

An Bord kennen wir weiße, grüne, rote und gegebenenfalls gelbe **Lichter.** Wir kennen „Rund**umlichter**" mit einem Ausstrahlungswinkel von 360° sowie „Topp**lichter**", Seiten**lichter**" und „Heck**lichter**" (mit dem von ihm abweichenden „Schlepp**licht**"), die unterschiedlich große Leuchtwinkel haben und an verschiedenen Punkten des Schiffskörpers **gesetzt** bzw. **gezeigt** werden müssen.

Dazu bedarf es einer **Licht**quelle, die man einschaltet, damit ein **Licht**schein ausgesandt wird. Früher saß man bei Kerzen**licht,** dann bei Gas**licht** am Kamin bzw. bei Petroleum**licht** in der Kajüte. Heute ist ohne elektrisches **Licht** unser komfortables Leben undenkbar.

Die technische Ausführungsform einer künstlichen Lichtquelle nennt man **Lampe** (engl. lamp, französ. lampe, span. lámpara). Früher benutzte man eine Petroleum**lampe,** die aus einem Brennstoffbehälter für Petroleum und einem Docht bestand, der zum Erzeugen einer Flamme diente. Heute herrscht als Lichtquelle eine elektrische Glühlampe vor, bei der das Licht von einem durch elektrischen Strom erhitzten Körper ausgestrahlt wird. Daß es vielfältige Arten von elektrischen **Lampen** (Kohlefaden**lampe,** Metalldraht**lampe,** Einfach-Wendel**lampe** u. a.) und auch von Petroleum**lampen** (z. B. Douglas-**Lampe**) gibt, sei nur der Vollständigkeit halber erwähnt. Die Industrie liefert heute eine Vielzahl von **Lampen**typen wie Soffitten**lampe,** Halogen-Glüh**lampe** und stoßfeste **Lampen,** die man allgemein auch ihrer äußeren Form wegen als „Birnen" oder „Kerzen" bezeichnet. Allen gemeinsam ist der elektrische Strom, der durch die **Lampe** fließt, wenn sie ein **Licht** ausstrahlt.

Damit das **Licht** auch bei Wind und Regen, bei krängendem und stampfendem Boot immer zuverlässig und im vorgeschriebenen Leuchtwinkel ausgestrahlt werden kann, wenn man die **Lampe** anschaltet, ist diese in einer **Laterne** untergebracht. Eine **Laterne** ist ein seewasserfestes Gehäuse aus Kunststoff und rostfreiem Stahl mit einer Optik aus Acrylglas, bei dem alle Vorschriften der SeeStrO und anderer Bestimmungen hinsichtlich Tragweite, Abstrahlwinkel und Bündelung des Lichtes genau eingehalten sind. Entsprechend ihrer Verwendung unterscheidet man Topp**laternen,** Seiten**laternen,** Heck**laternen** zum Zeigen der entsprechenden gesetzlich vorgeschriebenen Topp**lichter,** Seiten**lichter** und Heck**lichter.** Man fertigt und benutzt an Bord z. B. Vollkreis**laternen,** um ein Rundum**licht** zu zeigen, und Signal**laternen,** um das Anker**licht** zu setzen. Ist die Bordbatterie groß genug, zieht man elektrische **Lampen** dazu vor; anderenfalls muß man sich für eine Petroleum**lampe** entscheiden.

Was es sonst noch an Bord zur Erleuchtung gibt, sind **Leuchten.** Angefangen von der Saling**leuchte,** die das Arbeitsdeck auf dem Vorschiff erhellt, und über Kojen**leuchte,** Karten**leuchte** und andere bis zu Decken**leuchten** oder Wand**leuchten** in der Kajüte. Auch die Schiffshändler unterscheiden sehr deutlich zwischen **Laternen** und **Leuchten,** für uns nützlich, aber auch nicht unkritisch hinzunehmen. Wenn in einem Katalog „Positions**laternen**" und „Seiten**leuchten**" mit „Rund**leuchten**" friedlich nebeneinanderstehen, dann sollten uns die gravierenden Unterschiede auffallen: Bei den **Laternen** handelt es sich um Industrieprodukte, die genaue und sehr scharfe Bedingungen zum Schutz des Lebens auf See erfüllen, deren Baumuster vom DHI geprüft und die als Ausrüstungsteile für Schiffe zugelassen sind. Für sie gibt es auch ein entsprechendes Merkblatt des DHI, das man kostenlos anfordern kann.

Alle **Leuchten** sind nichts anderes als Haushaltsgeräte für den Bordgebrauch, die von der Industrie frei gestaltet werden können und für deren Herstellung nur technische DIN-Normen gelten.

Ich habe die Begriffe hier anschließend noch einmal in ein Organisationsschema gebracht, damit man sie künftig auf einen Blick erkennen kann. Jetzt ist der richtige Gebrauch von **Lichtern, Lampen** und **Laternen** nicht mehr schwer, und wir können jederzeit bei Nacht und unsichtigem Wetter selbstbewußt die altbekannte Meldung in die Plicht rufen: „Auf der Back ist alles wohl, die **Laternen** brennen.''

Licht	Laterne	Lampe
Lichtschein nach See-StrO und SeeSchStrO	Industrieprodukt, vom DHI baumustergeprüft und zugelassen unter einer DHI-Nr.	Energieart und Beschaffenheit der Energiequelle
Tragweite in sm	Lichtstärke in cd	Leistung in Watt
weißes Licht	z. B. Topplaterne	z. B.elektrische Glühlampe (Kohlefadenlampe, Metalldrahtlampe, Longlife-Lampe u. a.)
grünes Licht	z. B. Steuerbordlaterne	
rotes Licht	z. B. Signallaterne	
(gelbes Licht)		z. B. Petroleumlampe (Douglaslampe u. a.)
Topplicht: weißes Licht von recht voraus bis 22,5°achterlicher als querab nach jeder Seite. Tragweite 3 sm	Topplaterne mit weißer Linse, Abstrahlwinkel 225° Lichtstärke mindestens 12 cd	z. B. elektrische Glühlampe, 12 V, 25 W

127

Licht	Laterne	Lampe
grünes Seitenlicht, das an der Steuerbordseite von recht voraus bis 22,5° achterlicher als querab scheint. Tragweite 2 sm	Steuerbordlaterne mit grünen Linsen, Abstrahlwinkel grün 112,5° Lichtstärke mindestens 4,3 cd	z. B. elektrische Glühlampe, 24 V, 25 W
Ankerlicht = Rundumlicht, das unbehindert über einen vollen Horizontbogen von 360° scheint. Tragweite 2 sm	Signallaterne oder Vollkreis-Ankerlaterne mit weißen Linsen, Abstrahlwinkel 360°. Lichtstärke 4,3 cd	z. B. elektrische Glühlampe, 12 V, 10 W
Muß ein Licht „geführt" werden, hat es bei Nacht dauernd zu brennen	Die Laternen müssen dann ständig fest angebracht sein.	z. B. Elektrische Energie aus Bordbatterie, 12 V, 44 Ah.
Muß ein Licht „gezeigt" werden, hat es nur bei Annäherung anderer Fahrzeuge so lange zu leuchten, bis es erkannt wurde, notwendige Ausweichmanöver beendet sind und keine Kollisionsgefahr mehr besteht.	Die Laterne wird vorher „gesetzt", also für eine bestimmte Zeit fest angebracht.	z. B. Elektrische Energie aus Trockenbatterien in den Lampen selbst (Taschenlampen).
Waagerechte Lichtverteilung Senkrechte Lichtverteilung	Entsprechende Abstrahlwinkel, die nur mit Gürtellinsen erreicht werden.	

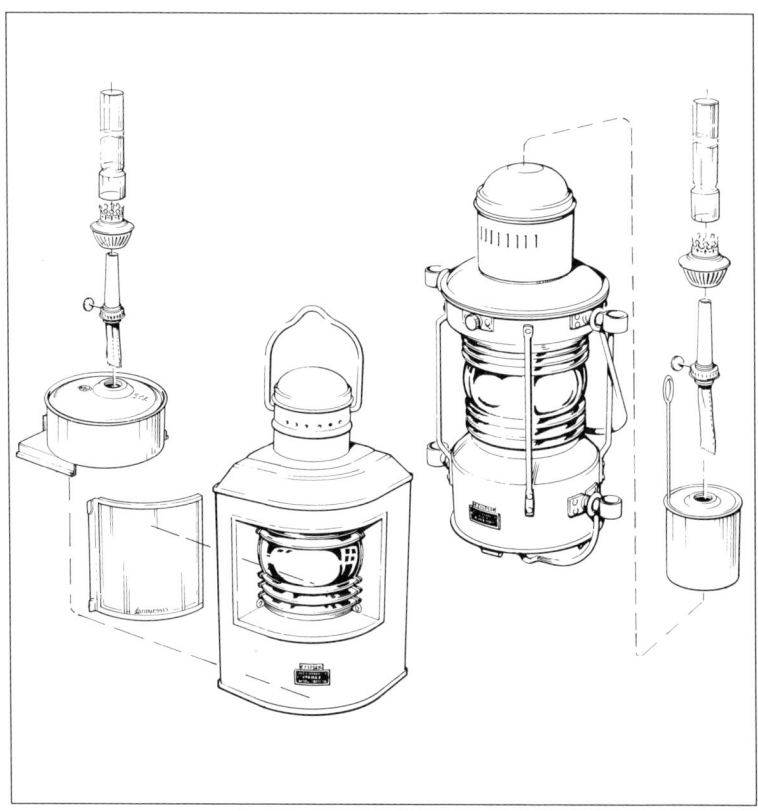

Abb. 80:

Dazu einige Bilder aus der Praxis:
Abb. 80 zeigt zwei Positionslaternen (Seitenlaterne und Vollkreislaterne) mit ihren Petroleumlampen. Das Gehäuse besteht aus Stahlblech oder Kupfer, die Fresnel-Gürtellinsen aus Glas, und die Lichtquelle hat eine Dochtbreite von 42 mm.

Abb. 81:   *Abb. 82:*

Abb. 81: Weiße, elektrisch betriebene Topplaterne mit 25-Watt-Glüh-lampe für feste Montage. Mantel aus Chromnickelstahl, Gürtellinse aus Acrylglas.

Abb. 82: Doppelfarbige Seitenlaterne grün/rot mit elektrischer 12-V-Glühlampe, 25 Watt. Schlag- und korrosionsgeschütztes, kratzfestes Kunststoffgehäuse mit Acrylglasoptik.

Abb. 83: Beispiel möglicher Kombinationen einer DreifarbenSeglerla-terne grün/rot/weiß mit elektrischer Glühlampe, 25 Watt oben und Ankerlaterne mit weißem Rundumlicht, elektrische Glühlampe 10 Watt unten für die Montage auf dem Masttopp.

Abb. 83:   *Abb. 84:*

Abb. 84: Die Laterne muß eine bestimmte Größe und das Laternengehäuse ein ausreichendes Innenvolumen haben, weil insbesondere bei den farbig eingefärbten Linsen dieser doppelfarbigen Seitenlaterne hohe Glühlampenleistungen erforderlich sind, um die geforderte Tragweite von 2 sm zu erreichen. Hier die übliche Montage am Bugkorb.

Abb. 85: Sind bei einem neuen Boot die Positionslaternen am Kajütaufbau oder am Bootsrumpf montiert, sind es meistens kleine Modelle, die mit ihren gefärbten Linsen nur eine Tragweite von 1 sm erzielen. Sie wird nach der SeeSchStrO als zu gering angesehen, doch sind zahlreiche ausländische Yachten gemäß SeeStrO damit ausgestattet.

Abb. 86: Solche kleinen Positionslaternen, die noch dazu am Bootsrumpf selbst und somit kaum einen Meter über dem Wasserpaß am Bug befestigt sind, kann man sich ersparen. Mit ihnen darf man nicht sein mögliches Wegerecht bei Nacht beanspruchen, denn fremde Fahrzeuge können die von hier ausgestrahlten Lichter nicht einmal unter optimalen Bedingungen ausmachen.

Abb. 87: Glühlampen unterscheiden sich in Leistung, Form und Steckverbindung. Modelle für 12 Volt: 1. Longlife, 12 V, 10 und 25 Watt mit bestimmter Lichtstärke. – 2. 12 V, 25 Watt, nach DIN-E. – 3. 12 V, 15 Watt, nach DIN-F. – 4. 12 V, 5 Watt und 10 Watt nach DIN-R.

Inwieweit dienen Yachtlaternen wirklich dem Schutz des Lebens auf See?

Die Regeln zur Verhinderung von Zusammenstößen auf See, in Deutschland Seestraßenordnung (SeeStrO) genannt, unterliegen internationalen Richtlinien und sind unter Beteiligung von Delegationen aus fast allen Staaten der Welt entstanden. Diese internationale Vereinbarung ist inzwischen in fast allen Ländern der Welt akzeptiert worden und dient als verbindliche Grundlage für die nationale Gesetzgebung.

Die meisten Länder haben die internationale Seestraßenordnung in jenem Originaltext übernommen, der 1972 wesentliche Erweiterungen im Bereich der Lichterführung erhielt. Eine weitere Änderung ist 1981 erfolgt und am 1. 7. 1983 in Kraft getreten. Auch die Bundesrepublik Deutschland hat die Regeln global als verbindlich übernommen, jedoch in einigen Punkten modifiziert. Für die Lichterführung in der Seeschiffahrtsstraßenordnung (SeeSchStrO) sind insbesondere für kleine Fahrzeuge unter 20 m Länge einige Ausnahmen erlassen wor-

Abb. 85:

Abb. 86:

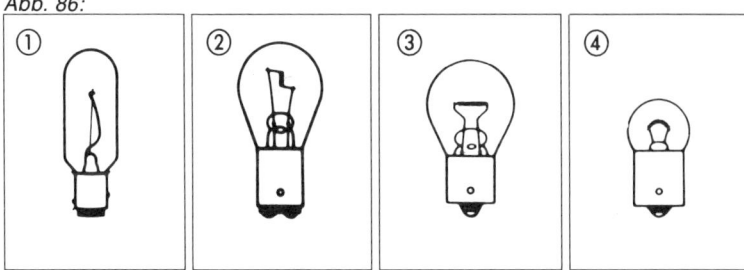
Abb. 87:

133

den, die zum Teil erheblich von denen der SeeStrO abweichen bzw. als Anforderungen darüber hinausgehen.

Hierzu gehört einerseits die Erlaubnis, daß auf Fahrzeugen unter Ruder oder Segel und von weniger als 20 m Länge, auf denen keine ausreichende Stromquelle vorhanden ist, auch nicht elektrisch betriebene Positionslaternen verwendet werden dürfen (§ 9, 2 SeeSchStrO). Und es sind auch alle Schiffe unter 20 m Länge von der Führung externer Laternenbretter befreit, die nach Anlage I, 5 der SeeStrO geführt werden müssen (§ 8, 1 SeeSchStrO). Dafür hat man die nationalen Anforderungen an die Positionslaternen bezüglich der vertikalen und horizontalen Lichtverteilung so hoch gesetzt, daß keine zusätzlichen Hilfsmittel mehr erforderlich sind. Alle lichttechnischen Forderungen müssen von den Positionslaternen selbst erbracht werden.

Da sie als lebenswichtiges optisches Gerät an Bord zu betrachten sind, ist eine Baumusterzulassung notwendig, die sich nicht nur auf die Laterne und die LInse, sondern selbst auf das Leuchtmittel, die Glühlampe darin, erstreckt. Jede Positionslaterne, die in Deutschland hergestellt wird und den Zulassungs- und Prüfbedingungen des Deutschen Hydrographischen Instituts entspricht, ist mit einer Zulassungsnummer versehen und auch äußerlich mit ihr gekennzeichnet. Man kann also davon ausgehen, daß diese Positionslaternen eine ausreichende Lichtstärke haben, um die geforderte Tragweite für Topplichter, Seitenlichter und Hecklichter zu erreichen. Sie betragen je nach Fahrzeuggröße und Art der Lichter 2 bzw. 3 Seemeilen.

Die Lichter gleichgroßer deutscher und ausländischer Yachten können unterschiedliche Tragweiten haben haben.

Einige Absätze im § 10 der SeeSchStrO enthalten jedoch strengere Bestimmungen für Kleinfahrzeuge und gehen als nationale Vorschriften über die internationalen Vereinbarungen hinaus: So müssen beispielsweise deutsche Yachten von weniger als 12 m Länge Seitenlichter mit einer Mindesttragweite von 2 Seemeilen führen, obwohl nach

Regel 22, c der SeeStrO für sie nur eine Mindesttragweite von einer Seemeile vorgeschrieben ist.

Das bedeutet für das Wegerecht auf See: Sichten wir ein rotes Licht in deutschen Küstengewässern, dann können wir im allgemeinen davon ausgehen, daß es noch etwa 2 sm entfernt ist, weil es mit hoher Wahrscheinlichkeit von einem deutschen Segelboot stammt. Sichten wir ein rotes Licht jedoch im Kattegatt oder vor Gotland, im Ärmelkanal oder in der Adria, dann müssen wir davon ausgehen, daß es nur 1 sm entfernt ist, weil wir meistens ein ausländisches Fahrzeug und nur in seltenen Fällen eine deutsche Yacht vor uns haben werden; die nationale Identität läßt sich bei Nacht nicht feststellen. Erfolgt diese Sichtung noch im Seegang und bei starkem Dunst und besteht somit die Möglichkeit, daß das andere Fahrzeug sogar krängt oder gelegentlich im Wellental teilweise verdeckt ist, kann es bei der Sichtung seines roten Lichtes durch uns oft erheblich weniger weit als 1 sm entfernt sein, so daß unsere möglichen nautisch-seemännischen Entscheidungen zum Ausweichen in sehr wenigen Minuten getroffen und verwirklicht werden müssen.

Bisher haben wir uns in der seglerischen Ausbildung, die in (bedauerlichen) schmalen Einbahnstraßen zu bestimmten Führerscheinen führt, immer nur mit den Bestimmungen der Lichterführung (und hauptsächlich anderer, gesichteter Fahrzeuge) beschäftigt. Wir haben gelernt, welche Topplichter, Seitenlichter und Hecklichter Yachten von weniger als 7 m, weniger als 12 m und weniger als 20 m unter Segel oder unter Motor führen müssen und welche Tragweite diese Lichter nach den gesetzlichen Bestimmungen haben müssen. Wir gehen auch immer davon aus, daß die baumustergeprüften Positionslaternen diese Nenntragweite natürlich jederzeit erreichen.

Kaum haben wir uns jedoch mit einer Reihe von Problemen beschäftigt und Fragen erörtert, ob diese geforderte Tragweite beispielsweise von 2 sm für das Topplicht, von 2 sm (1 sm) für die Seitenlichter und von 2 sm für das Hecklicht einer 11-m-Segelyacht wirklich jederzeit in jeder langen Nacht erreicht wird oder ob es Einflüsse gibt, die die Sichtweite unter bestimmten meteorologischen, technischen oder anderen Bedingungen auf beispielsweise nur 50% der nicht umsonst „Nenntragweite" genannten Werte herabsetzen. Allein die Kenntnisnahme solcher Möglichkeiten macht uns klar:

• Summieren sich solche ungünstige Faktoren bei uns an Bord, sind unsere Lichter von fremden Fahrzeugen, die uns ausweichpflichtig sind, nicht so deutlich, nicht so weit und nicht so früh zu erkennen, und sie werden aus diesem Grunde ihrer Ausweichpflicht nicht oder nicht rechtzeitig nachkommen können. Im Falle einer Kollisionsgefahr würden wir (vor allem als kleineres Schiff!) trotz Wegerechts der Leidtragende sein.

• Ebenso bedeutet dies, daß unser eigener Handlungszeitraum zum Ausweichen vor einem fremden Fahrzeug auf einen Bruchteil der sonst üblichen Zeit beschränkt wird, weil wir eine nur glimmende Positionslampe in einer Laterne, die bei einem krängenden Boot in einem Winkel von 20° zum Wasserspiegel geneigt ist, in diesigem Wetter ebenfalls erst wenige Sekunden vor einem möglichen Zusammenstoß ausmachen werden.

Der Unterschied in der Tragweite der Lichter ist direkt mit der Lichtstärke der Laterne verbunden

Eine Binsenweisheit: Je heller eine Lampe, desto weiter ist sie zu erkennen. Je größer die Leistung einer Glühbirne, desto stärkeres Licht wird abgestrahlt. Die entsprechende Lichtstärke wird in Candela gemessen. Abb. 88a zeigt das Verhältnis von Tragweite als Funktion der Lichtstärke. Abb. 88b enthält noch einmal die Lichtstärke für die Mindesttragweiten von 1 sm bis 6 sm in Tabellenform.

Das elektrische Licht wird bekanntlich durch Glühlampen erzeugt, deren Leistung in Watt gemessen bzw. angegeben wird. Die modernen Longlife-Glühlampen unserer Positionslaternen erzeugen bei einer Leistung von 10 Watt eine Lichtstärke von 12 Candela (cd) und mit 25 Watt Leistung von 30 cd. Gleich einschränkend müssen wir sagen: Aber nur bei (üblichem) weißem Licht ergeben sich hieraus direkte Rückschlüsse auf die Tragweite:

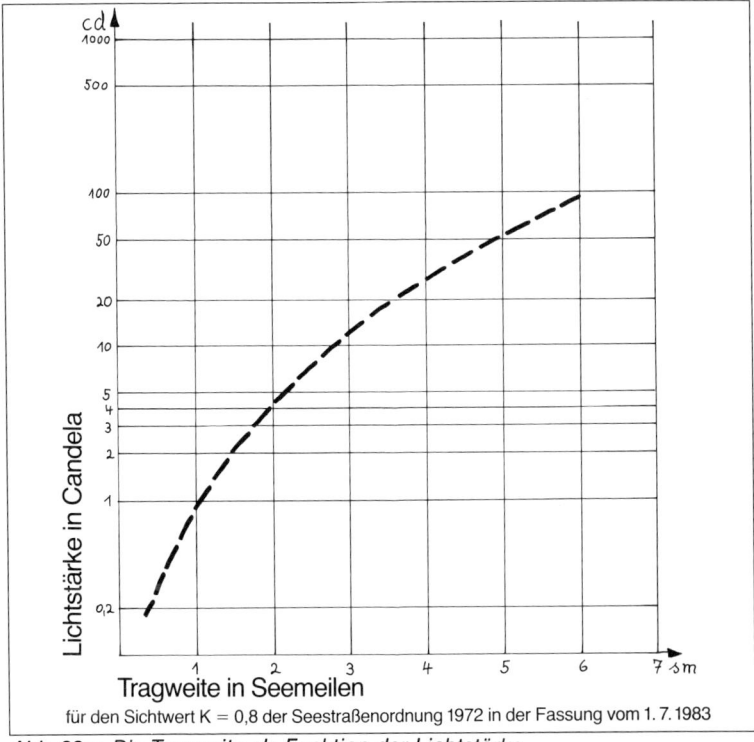

für den Sichtwert K = 0,8 der Seestraßenordnung 1972 in der Fassung vom 1. 7. 1983

Abb. 88a: Die Tragweite als Funktion der Lichtstärke.

Lichtstärke	Mindesttragweite
0,9 cd	1 sm
4,3 cd	2 sm
12,0 cd	3 sm
27,0 cd	4 sm
52,0 cd	5 sm
94,0 cd	6 sm

Abb. 88b: Lichtstärken für Mindesttragweiten von 1–6 sm.

Setzen wir eine solche 10-Watt-Glühlampe in eine Positionslaterne mit durchsichtigem Glas, dann trägt das Licht der 10-Watt-Lampe etwa 2,7 sm weit, und das Licht der 25-Watt-Lampe ist in etwa 3,6 sm Entfernung gerade erkennbar. (Die Linsen der Positionslaterne dienen einer genau gewünschten horizontalen und vertikalen Lichtverteilung. Sie vergrößern die Tragweite nicht. Aber sie können sie einschränken.)

Wir merken uns: Rüsten wir eine 11-m-Yacht für Fahrten unter Segel und Motor mit Positionslaternen aus, können Topplaterne und Hecklaterne mit einer 10-Watt-Lampe ausgestattet sein; denn ihre Lichtstärke reicht bereits aus, um bei weißen Lichtern die geforderte Mindesttragweite von 2 sm zu erzielen. Ist unsere Yacht hingegen 13 m lang, muß die Topplaterne eine 25-Watt-Glühlampe erhalten; denn nur mit einer Lichtstärke von mehr als 12 cd erreiche ich die größere geforderte Mindesttragweite von 3 sm.

Die farbig eingefärbten Linsen der roten und grünen Positionslaternen verdunkeln den Raum, in dem die Glühlampe ihr Licht ausstrahlt. Dadurch gelangt nur ein Teil des Lichtes von innen nach außen. Ein beträchtlicher Teil wird absorbiert und geht durch Streuverluste verloren. Um für die in der SeeStrO geforderte Tragweite eines roten und grünen Seitenlichtes von 2 sm auch außerhalb der Laterne die notwendige Lichtstärke zu erzielen, bedarf es daher einer stärkeren Lichtquelle im Inneren der Laterne, beispielsweise einer Glühlampe von 25 Watt. Mit einer 10-Watt-Glühlampe wird die geforderte Mindesttragweite nicht erreicht.

Wir merken uns: Rote und grüne Positionslaternen in Einzelausführung müssen mit je einer 25-Watt-Glühlampe, doppelfarbige Seitenlaternen mit einer 25-Watt-Glühlampe und Dreifarben-Seglerlaternen mit grünem, rotem und weißem Abstrahlwinkel mit ebenfalls einer 25-Watt-Glühlampe bestückt sein, damit die geforderte Mindesttragweite der farbigen Lichter von 2 sm erreicht wird. Die Laternenhersteller haben hierbei den Transmissionsgrad der farbig eingefärbten Linsen für den roten und grünen Sektor so eingestellt, daß die Lichtstärke und damit auch die Tragweite bei beiden Seitenlichtern gleich ist.

Wir beachten weiter: Die deutschen Laternenhersteller fertigen auch

Dreifarben-Seglerlaternen mit 10 Watt-Glühlampen für ausländische Segler und Märkte. Diese haben jedoch nur eine (international) vorgeschriebene Tragweite von 1 sm, nicht aber eine Tragweite von 2 sm nach der deutschen SeeSchStrO. – Steuerbord- und Backbord-Seitenlaternen mit 10 Watt-Lampen werden auch für Sportboote auf Binnengewässern gefertigt. Sie haben eine Mindestlichttragweite von 1 sm (Laternen mit weißer Optik von 2 sm), entsprechen somit ebenfalls nicht den Anforderungen der SeeStrO an Segel- und Motoryachten. Wenn ein Segler in einem 36-seitigen, mit vielen technischen Details angereicherten Angebots-Prospekt eines namhaften deutschen Laternenherstellers liest: „Die Lichtreserven unserer Bootslaternen wurden durch die Entwicklung einer Glühlampe geschaffen, die bei einer Lichtstärke von nur **30 cd** die gesetzlich vorgeschriebene Lichtverteilung und **Tragweite** weiterhin deutlich übertrifft", dann könnte er nach einem Blick auf die Tabelle aus Anlage 1, 8 der Seestraßenordnung (siehe Abb. 88 b) den Eindruck gewinnen, daß alle aus diesen Positionslaternen ausgestrahlten Lichter nahezu 4 sm weit sichtbar sind. Dies gilt jedoch nur für **weiße** Lichter und ist sowohl für die roten und grünen als auch die gelben Lichter ein gefährlicher Trugschluß. Abb. 89 a zeigt daher das Diagramm der vertikalen Lichtverteilung für eine Backbordlaterne, deren rotes Licht mit einer ähnlichen Glühlampe von 36 cd ausgestrahlt wird. Diese Lichtstärke wird innen mit 25 Watt Leistung aus unserer 12-Volt-Bootsbatterie erreicht. „Außen" kann dann nur noch eine Lichtstärke von 8 cd gemessen werden. So trägt das Licht dieser Laterne etwa 2,5 sm, und seine Tragweite liegt dabei noch etwa 0,5 sm über derjenigen der IMCO-Bestimmung der SeeStrO 1972 für 2 sm. Man darf also bei den farbigen Lichtern, die ein Boot unter Segeln allein zeigt, nicht die Leistung der Lampe als Lichtstärke der Laterne ansehen und daraus Rückschlüsse auf die Tragweite ziehen.

Wie Krängung und schlechtere Sicht die Tragweite der gleichen Laterne herabsetzen, zeigt Abb. 89 b.

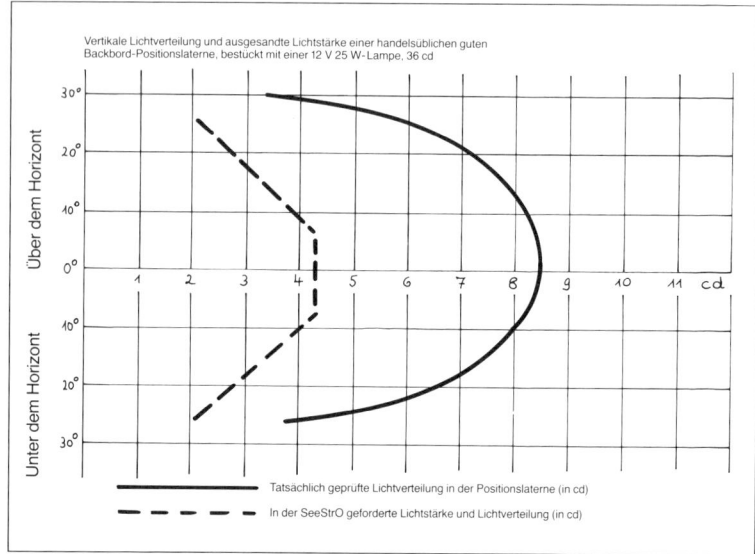

Abb. 89a: Vertikale Lichtverteilung des roten Lichtes einer Backbordlaterne.

Schlechte Sicht setzt die Tragweite der Yachtlichter herab

Die oben genannte Mindesttragweite, die nach der SeeStrO gefordert und durch eine Baumusterzulassung vom Laternenhersteller verbrieft ist, erreichen unsere Lichter jedoch nur bei „guter Sicht", d. h. einer meteorologischen Sichtweite von ungefähr 13 sm und dem Sichtwert K von 0,8. Was bedeutet das?

Unter „Sicht" verstehen wir die Durchsichtigkeit der Luft, die wir mit Hilfe von mehr oder weniger fernen Gegenständen als „Sichtmarken" in Längeneinheiten (sm oder km) feststellen können. Kurz gesagt: Je trockener die Luft über dem Wasser ist, desto weiter kann man sehen und desto früher auch dementsprechend Gegenstände oder Lichter erkennen. Je mehr die Luft mit Feuchtigkeit (Wasserdampf) gesättigt

140

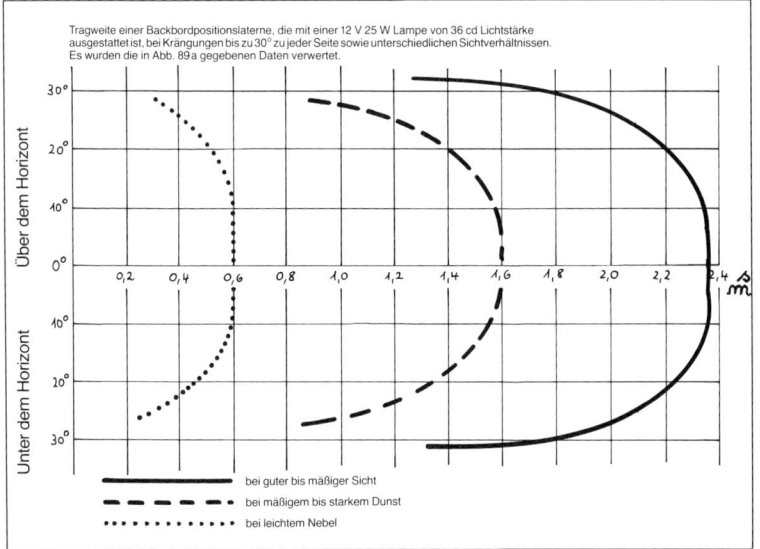

Tragweite einer Backbordpositionslaterne, die mit einer 12 V 25 W Lampe von 36 cd Lichtstärke ausgestattet ist, bei Krängungen bis zu 30° zu jeder Seite sowie unterschiedlichen Sichtverhältnissen. Es wurden die in Abb. 89a gegebenen Daten verwertet.

bei guter bis mäßiger Sicht
bei mäßigem bis starkem Dunst
bei leichtem Nebel

Abb. 89b: Tragweite der gleichen Laterne bei Krängung und unterschiedlicher Sicht.

ist, desto geringer wird die Sichtweite und desto kürzer ist deshalb auch die Tragweite der von Topplaternen, Seitenlaternen und Hecklaternen ausgestrahlten Lichter unseres Bootes.

Die verbrieften Tragweiten unserer Positionslichter werden nur bei „guter Sicht" erreicht, einem Zustand der Atmosphäre, der an Ost- und Nordsee nur zu etwa 50% der gesamten Zeit eines Jahres erreicht wird. In der übrigen halben Zeit ist die Sichtigkeit durch Dunst oder Nebel beträchtlich herabgesetzt. Tabelle 90 zeigt das Verhältnis von meteorologischer Sichtweite, die in Längeneinheiten angegeben wird, zur Sichtigkeit („Durchsichtigkeit der Luft") und gibt gleichzeitig den Sichtigkeitsgrad an, der im Diagramm auf Seite 164 für die „Tragweite der Leuchtfeuer bei verschiedener meteorologischer Sichtweite" noch ausführlicher behandelt wird.

Für die Praxis kommt es darauf an, bei Annäherung eines Dickschiffes oder eines anderen Fahrzeuges, das uns beim Segeln nach den Bestimmungen der SeeStrO oder SeeSchStrO ausweichpflichtig ist, für mögliche eigene nautische Entscheidungen zu ermitteln, wie weit unsere Lichter tatsächlich zu erkennen und in welchem Abstand sie aus der Plicht oder von der Brücke des Kollisionsgegners bei den meteorologischen Bedingungen des Tages auszumachen sind. Abb. 91 zeigt uns die vorgeschriebene Tragweite bei guter Sicht, die unsere geprüften Laternen gut erfüllen, und die tatsächliche Sichtweite bei unterschiedlicher Sichtigkeit und insbesondere schlechter Sicht.

Die Spalten ,,3 sm'' und ,,6 sm'' gelten hierbei gleichzeitig für die Seiten-, Topp- und Hecklichter der Großschiffahrt, so daß wir aus dieser Tabelle auch gleich erkennen können, auf welche Entfernung wir bei schlechter Sicht die Lichter eines Dickschiffes ausmachen werden.

Dies ist eine Tabelle zum Einrahmen oder auch zum Einkleben in das Logbuch. Denn sie vermittelt uns wichtige Erkenntnisse für unsere nautischen Entscheidungen im Verhalten gegenüber anderen Fahrzeugen oder Lichtern bei einer Begegnung, beispielsweise diese:

• Bei sehr guter Sicht, d. h. in einer dunklen, sternklaren Nacht, liegt die Sichtweite unserer Positionslichter **über** der verbrieften Tragweite. Bei unseren Yachtlaternen mit ihren geringen Lichtstärken ist der Überschuß jedoch gering. Er beträgt beispielsweise bei einer attestierten Tragweite von 2 sm nur etwa 25%, d. h. das Licht reicht bis 2,5 sm.

• Bei Sichtverschlechterung ist unser Licht demgegenüber erst auf wesentlich kürzerer Sichtentfernung auszumachen. So kann das Licht einer Positionslaterne mit 2-sm-Attest beispielsweise in ,,sehr starkem Dunst'' erst in 0,7 sm Abstand aufgefaßt werden. Es trägt dann nur etwa 30% der verbrieften Distanz weit in die diesige Nacht hinein.

• Weiter zeigt die Tabelle, daß unsere Positionslichter bei Nacht längst nicht so weit zu sehen sind, wie man unter den gleichen meteorologischen Bedingungen bei Tage ein Schiff, eine Tonne oder andere schwimmende Körper mit den Augen ausmachen kann. Kann man bei Tage beispielsweise bei ,,mäßigem Dunst'' 3,5 sm weit sehen, erkennt

Sichtigkeit	Sichtigkeitsgrad	meteorologische Sichtweite
sehr gute Sicht	9	bis unendlich
gute Sicht	8	bis 27 sm (50 km)
mäßig gute Sicht	7	bis 11 sm (20 km)
mäßiger Dunst	6	bis 5,4 sm (10 km)
starker Dunst	5	bis 2,2 sm (4 km)
sehr starker Dunst	4	bis 1,1 sm (2 km)
leichter Nebel	3	bis 0,54 sm (1 km)
mäßig dichter Nebel	2	bis 0,27 sm (500 m)
dichter Nebel	1	bis 0,11 sm (200 m)
sehr dichter Nebel	0	bis 0,027 sm (50 m)

Abb. 90: Das Verhältnis von meteorologischer Sichtweite zur Sichtigkeit mit Angabe des Sichtigkeitsgrades.

Sichtigkeit		Vorgeschriebene Tragweite			
Bezeichnung	in sm	1 sm	2 sm	3 sm	6 sm
sehr gute Sicht	27	1,1	2,5	4	12
gute Sicht	13	1	2	3	6
mäßig gute Sicht	8	0,9	1,8	2,5	5
mäßiger Dunst	3,5	0,8	1,5	2	3
sehr starker Dunst	1,5	0,4	0,7	0,8	1,2
leichter Nebel	0,4	0,3	0,4	0,5	0,8
dichter Nebel	0,1	0	0,1	0,2	0,2

Angegeben: Tatsächliche Tragweite in Seemeilen bei unterschiedlicher Sichtigkeit.

Abb. 91: Die unterschiedliche Tragweite bei guter Sicht und bei verminderter Sichtigkeit.

143

man das Licht unserer Positionslaterne mit 2-sm-Attest nur noch 1,5 sm weit. Es kommt also sehr viel später in Sicht, als es ein sorgfältiger Ausguck eigentlich nach der Sichtigkeit erwarten würde.

• Vergleichen wir die Werte für die Yachtlaternen mit der 6-sm-Spalte für Schiffahrtslichter, dann sehen wir: Je größer die Lichtstärke in den größeren Laternen, desto mehr nimmt nicht nur die Tragweite bei „sehr guter Sicht" über die attestierte Distanz hinaus zu (hier: von 6 sm auf 12 sm). Auch bei diesigem Wetter erreichen die Lichter nicht nur die Sichtweite mit dem Auge, sondern sie dringen bei Nebel am Tage erheblich weiter in die Waschküche hinein, als man einen Schatten oder einen Kontrast erkennen kann (hier: bei leichtem Nebel von 0,4 sm auf 0,8 sm). Diese Erscheinung setzt sich bei zunehmender Lichtstärke, d. h. bei Leuchttonnen und Leuchtfeuern, noch vorteilhaft fort, wie wir weiter unten sehen werden. Was sich auf Yachten mit ihren schwachen Lampen bei diesigem Wetter nicht auszahlt, ist für die Großschiffahrt ein wichtiges und nützliches Sicherheitsgebot. Wir Yachtsegler partizipieren passiv davon und sollten im Nebel oder starkem Dunst dementsprechend mehr auf die Lichter fremder Fahrzeuge, als auf ihre Schatten achten, wenn wir entsprechenden Ausguck halten.

• Die Sichtweite der Yachtlichter wird auch herabgesetzt, wenn man bei Nacht (und nicht nur bei verminderter Sicht) in der Nähe eines Ufers, hell beleuchteter Ankerlieger oder anderer Schiffe segelt, deren Kranz hell scheinender Lichter die Yachtlichter einfach zudecken.

Die attestierten Tragweiten werden nur erreicht, wenn die Mindestlichtstärke abgestrahlt wird

Diese optimalen Bedingungen sind nur gegeben, wenn die Linsen der Laternen sauber sind, die vorschriftsmäßigen Glühlampen brennen und eine gute geladene Batterie während der gesamten Betriebszeit die richtige Nennspannung (12 Volt) gibt.

Die erste Forderung ist leicht zu erfüllen: Die Laternen werden regelmäßig vom Staub der Häfen und verkrustetem Salz der See befreit, und die Linsen werden vor Beginn einer Nachtfahrt noch einmal geputzt.

Ebenso leicht ist zu erreichen, daß die Bordbatterie vor jeder Nachtfahrt gut geladen ist. Im allgemeinen genügt bereits die Batteriekapazität einer normalen Autobatterie (44 Ah). Auf meinen Yachten fahre ich seit vielen Jahren besser immer zwei Batterien mindestens der gleichen Kapazität, die über eine Dioden- bzw. Relaisschaltung miteinander verbunden sind: Eine Batterie ist nur für das Starten des Motors bestimmt. Die andere versorgt alle Verbraucher von den Seitenlichtern bis zum Radio.

Die Beispiele auf Seite 156 zeigen, wie man auch auf einer Reise von einer Woche (beispielsweise über die Biscaya oder von Kiel nach Stockholm) 7 Nächte lang seine Lichter führen kann, ohne eine etwas größere Batterie von etwa 100 Ah nachladen zu müssen. Es ist also gar nicht erforderlich, zu sparen oder gar zu manipulieren:

• Tauscht man aus falscher Sparsamkeit beispielsweise die 25-Watt-Lampe einer Laterne gegen eine 10-Watt-Lampe aus, dann reduziert man den Stromverbrauch in einer 12-Volt-Anlage zwar von 2,1 A auf 0,8 A beträchtlich. Gleichzeitig vermindert man jedoch die Lichtstärke dabei weitaus gefährlicher:

Bei einer weißen Topplaterne reduziert sich dabei die Tragweite auf etwa 65% oder von nahezu 4 sm auf gut 2,5 sm. Sie ist somit unter Segeln immer noch ausreichend und berührt nur die Sichtweite des Topplichts auf Yachten über 12 m unter Motor, wo diese Manipulation ohnehin unsinnig ist, weil bei Fahrten mit Motor der Generator den notwendigen Strom erzeugt.

Setze ich diese 10-Watt-Lampe hingegen in eine rote oder grüne Positionslaterne ein, dann reicht ihre Leistung gerade noch aus, um die Laterne selbst zu erhellen und das rote Licht bei guter Sicht anstatt 2 sm weit nur noch etwa 0,5 sm weit auszustrahlen. Abb. 92 zeigt Lichtstärke und Tragweite einer Backbord-Positionslaterne, die mit einer handelsüblichen 18-Watt-Lampe von 8 cd ausgestattet war. Ihr Licht war nicht weiter als 0,8 sm weit zu erkennen – bei guter Sicht und den üblichen Prüfbedingungen für Seitenlaternen für Yachten.

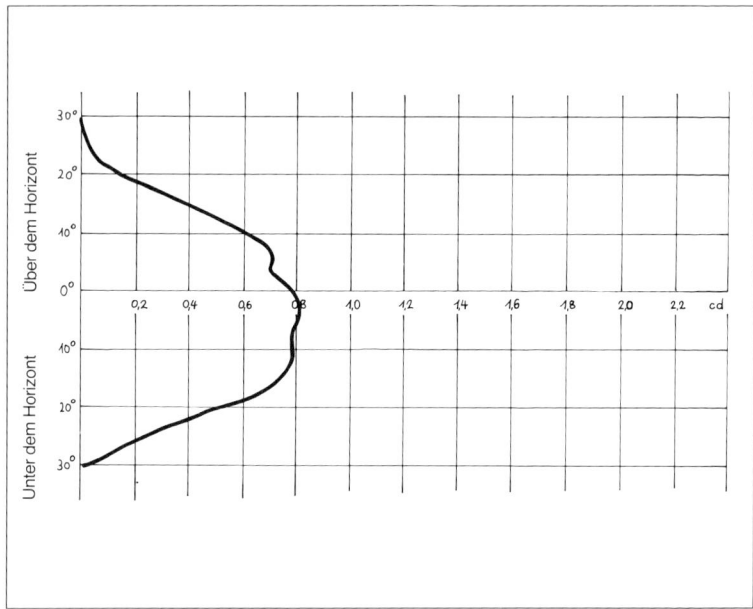

Abb. 92: Lichtstärke und Tragweite einer Backbord-Positionslaterne, die mit einer Lampe geringerer Leistung als vorgeschrieben ausgestattet war.

Man gefährdet sich und andere, wenn die Lichtstärke der Laternen durch das Auswechseln der Glühlampen verändert wird

• Nicht ausreichende Spannung kann einmal auf einen Spannungsabfall zwischen der Stromquelle und der Positionslaterne zurückzuführen sein, d. h. auf einer reduzierten Klemmspannung an den Lampen selbst beruhen. (Sie kann auf falsche Querschnitte der Zuleitungen zurückzuführen sein, aber auch andere Ursachen haben.) Zum anderen kann der Spannungsabfall an der Batterie selbst eintreten. Er wird sich dann entweder erst bei sehr langer Entladung zeigen und ist somit selten. Oder er wird sich oft und meistens regelmäßig wiederkehrend einstellen, wenn andere Verbraucher hoher Leistung gleichzeitig ebenfalls Strom entnehmen, z. B. das Radio, das Seefunkgerät oder sogar der Kühlschrank. Besonders letzterer sollte daher bei Nachtfahrt unter Segeln abgeschaltet werden.

Denn bereits eine nur um 5% geringere als die Nennspannung, d. h. eine Reduzierung der Batteriespannung von 12 Volt auf 11,4 Volt, reduziert die Lichtstärke der Lampen um 17%. Das bedeutet, daß die Nenntragweite des weißen Rundumlichtes unter Segeln von 2 sm nur auf 1,56 sm und somit nicht besorgniserregend vermindert wird. Bei den farbig eingefärbten Linsen der Positionslaternen trifft dieser Verlust die Glühlampe jedoch nur zuerst. Die damit verbundene Verringerung der Lichtstärke wirkt sich außerhalb der Laterne beträchtlich stärker aus. Hier gelten sinngemäß die Erkenntnisse, die wir aus der Abb. 92 gewonnen haben, so daß wir folgen können: Ein Spannungsabfall von 5% wirkt sich mit 17% Verlust auf die Lichtstärke der Lampe und dementsprechend mit etwa 35% Verlust der Tragweite eines farbigen Seitenlichtes aus, das anstatt in 2 sm nur noch in 1,3 sm Entfernung auszumachen sein wird – deutlich weniger.

Bei einer Krängung reduziert sich die Sichtweite der Yachtlichter auf etwa die Hälfte der Distanz gegenüber aufrechtem Segeln

Seitdem Seitenlichter auf Yachten geführt und Positionslaternen an Bord oder am Rigg gehaltert werden, ist es unvermeidlich, daß die Lichter beim krängenden Boot in das nahe Wasser bzw. in den Himmel scheinen, den Horizont aber nicht oder nicht weit genug erreichen. Die SeeStrO schreibt in Anlage 1, 10, b daher vor: „Auf Segelfahrzeugen muß für die senkrechten Ausstrahlungswinkel angebrachter elektrisch betriebener Lichter sichergestellt sein, daß

1. die vorgeschriebene Mindestlichtstärke mindestens im Bereich von 5° über bis 5° unter der Horizontalebene erhalten bleibt;
2. mindestens 50% der vorgeschriebenen Mindestlichtstärke im Bereich von 25° über bis 25° unter der Horizontalebene erhalten bleiben."

Das bedeutet, daß unsere Seitenlichter die vorgeschriebene und attestierte Tragweite von beispielsweise 2 sm nur erzielen, wenn unser
Boot aufrecht segelt, also beispielsweise bei ruhiger See vor dem
Wind läuft.
Die hohen Anforderungen an die horizontale Tragweite der Yacht-
Positionslaternen, die aus 12-Volt-Batterien gespeist werden, waren
für die Laternenhersteller nur durch ein Gürtellinsensystem zu erfüllen, mit dem allein zu hohe Glühlampenleistungen zu vermeiden
waren. Dieses Linsensystem hat natürlich zur Folge, daß das Licht in
seiner vertikalen Lichtverteilung schneller abnimmt, als es für das
Segeln mit gekrängtem Boot wünschenswert wäre.
Die in der SeeStrO geforderten Tragweiten zwischen 5° und 25° Krängung zu jeder Seite werden natürlich von den Lampenherstellern
erfüllt und natürlich auch geringfügig überschritten. Es bleibt jedoch
die Tatsache erhalten, daß die Tragweite der Lichter zwischen 5° und
25° schnell weiter abnimmt (Abb. 93a und 93b) und daß das Positionslicht eines am Wind segelnden Bootes bei 20° Krängung unter den
Mindestbedingungen der SeeStrO anstatt 2 sm nur noch 1 sm weit
sichtbar ist. Die sogenannte „Normaloptik" ist hierbei sogar krän-
gungsgünstiger als die „Präzisionsoptik", die nur bei aufrechtem
Segeln Vorteile bietet.
Die Abbildungen 94 bis 96 zeigen uns in maßstäblich gezeichneten
Winkeln, wie sich die Forderungen der SeeStrO bei gekrängten Booten in der Praxis auswirken. Segelt das Boot aufrecht (Abb. 94), dann
trifft der volle Schein alle Beobachter nicht nur in der geforderten
Entfernung von 2 sm, sondern sowohl auf Kleinbooten in der Nähe der
Wasseroberfläche als auch auf der höchsten Schiffsbrücke etwa 30 m
über dem Wasser.
Eine Krängung des Bootes, das diese Positionslaternen in 2 m Höhe
über Wasser führt, um nur 5° bewirkt jedoch bereits, daß der Grenz-
strahl der vollen Lichtstärke (5°) jetzt in gleicher Höhe von nur 2 m
über das Wasser huscht. Jeder Beobachter, der auf einer Schiffsbrücke zwischen 2 und 30 m Höhe über dem Wasser steht, sieht das
Positionslicht dadurch nur mit etwa 50% der vorgeschriebenen Min-

148

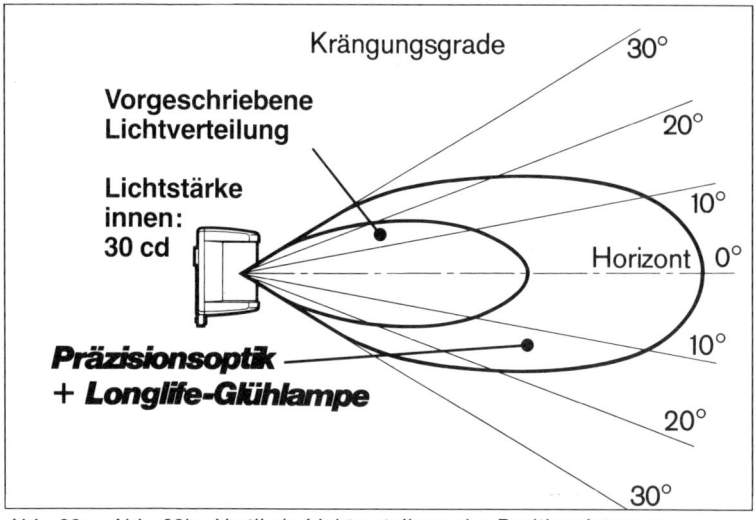

Abb. 93a: Abb. 93b: Vertikale Lichtverteilung der Positionslaternen.

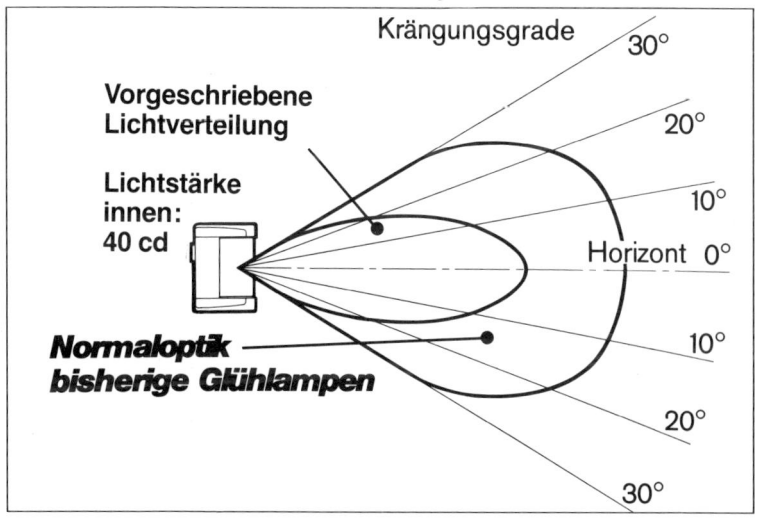

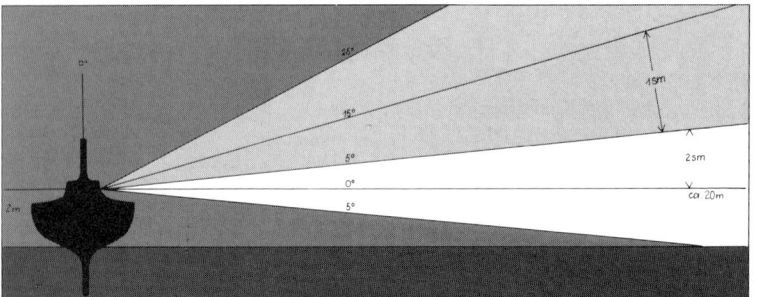

Abb. 94: Vertikale Lichtverteilung der Positionslaternen, wenn ein Boot aufrecht segelt.

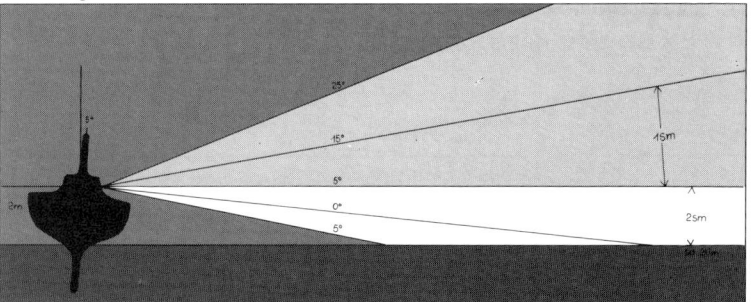

Abb. 95: Vertikale Lichtverteilung der Positionslaternen bei einer Krängung von 5°.

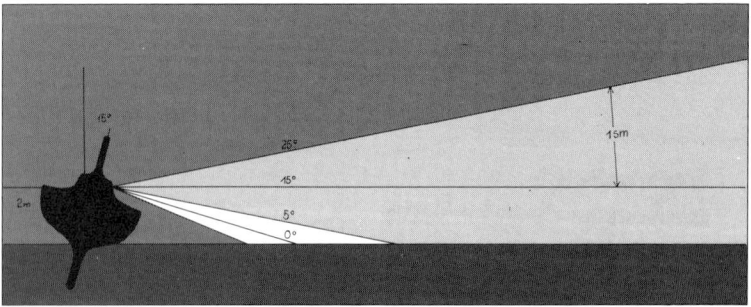

Abb. 96: Vertikale Lichtverteilung der Positionslaternen bei einer Krängung von 15°.

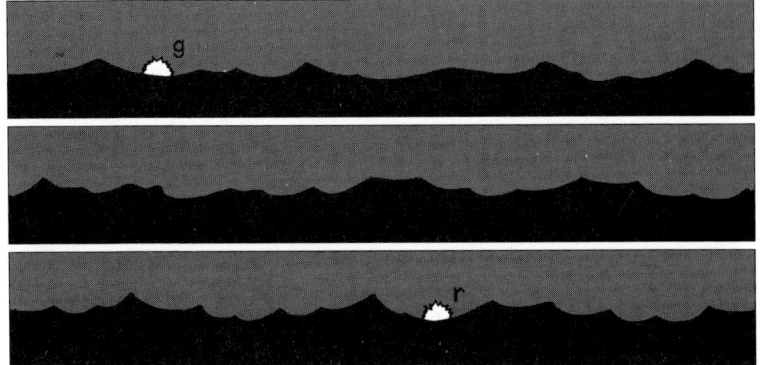

Abb. 97: Wie die Lichter einer Yacht durch den Seegang verdeckt werden.

destlichtstärke oder erst, wenn die Yacht sehr viel näher gekommen und sehr viel weniger als 2 sm (unter optimalen Bedingungen) entfernt ist.

Krängt die Yacht weiter auf 15° (Abb. 96), dann sieht jeder Beobachter, auf gleichwelcher Brückenhöhe er auch steht, das betreffende Positionslicht nur im verkürzten Mindestabstand; denn der volle Schein des Positionslichtes fällt schon nahebei ins Wasser.

In der Praxis wird eine Yacht weder konstant mit 5° noch unverändert mit 15° segeln, sondern im Seegang unterschiedlich mehr oder weniger weit überliegen. Dann wird ein fremder Beobachter noch dadurch verunsichert, daß unser Positionslicht dabei gelegentlich aufleuchtet und wieder verlöscht, weil es eben bei 5° Krängung noch in 2 sm auszumachen ist, bei 15° Krängung aber in dieser Entfernung unsichtbar bleibt. Dies ist eine Erscheinung, die ähnlich wirkt wie das Verdekken der Lichter durch den Seegang selbst (Abb. 97), und insbesondere bei parallelen Kursen können sich beide Effekte noch gegenseitig verstärken.

Diese Krängungsverluste betreffen natürlich auch das weiße Rundum-licht, das Yachten bis 12 m Länge unter Segeln als einziges Licht führen dürfen und dessen Vollkreislaterne sie allgemein auf dem Masttopp gehaltert haben. Mit der üblichen 10-Watt-Glühlampe redu-ziert sich die Tragweite bei 20° Krängung ebenfalls auf eine Seemeile. Kann man sich stattdessen eine 25-Watt-Lampe leisten (wie wir in unserer nachfolgenden Leistungsbilanz noch untersuchen werden), dann ist dieses einzige weiße Licht, das aus den Laternen deutscher Hersteller ausgestrahlt wird, bei aufrechtem Segeln noch bis nahezu 4 sm weit und somit bei 20° Krängung noch fast 2 sm weit erkennbar, wenn gute Sicht herrscht. Mit ihm werden alle Krängungsverluste aufgefangen. Auch aus diesem Grunde sollte man sich für dieses Licht bei Nachtfahrten entscheiden.

Im Seegang kommen die Positionslichter einer Yacht nur hin und wieder über die Kimm

Wenn die Positionslichter bei einer Yacht nicht aus einer Dreifarbenla-terne am Masttopp gezeigt werden, sondern (üblicherweise und vor-teilhafter) aus einzelnen Seitenlaternen oder einer Zweifarbenlaterne, die am Bugkorb, an den Wanten oder auf dem Deckshaus befestigt sind, wird das Seitenlicht einem begegnenden Schiff immer verdeckt sein, wenn die Yacht im Wellental liegt. Der Beobachter auf einer anderen Yacht oder der Ausguck eines Dickschiffes wird unsere Yacht also nicht ständig, sondern nur gelegentlich ausmachen.
Begegnen sich beide Fahrzeuge auf parallelen Kursen und in ausrei-chendem Abstand, so ist dieses Auftauchen und Verschwinden des grünen oder roten Lichtes von geringer nautischer Bedeutung. Ist unser Kurs jedoch auf das fremde Fahrzeug gerichtet und besteht die Situation sich begegnender Fahrzeuge oder gar kreuzender Kurse, dann wird in der Praxis das andere Fahrzeug einmal ein grünes und dann ein rotes Licht zwischen langen Pausen sichten (Abb. 97).
In solchen Seegangssituationen sollten wir beizeiten klare Verhält-nisse schaffen und unseren Kurs gegebenenfalls so (geringfügig)

ändern, daß das andere gesichtete Fahrzeug deutlich nur eine unserer Bootsseiten ausmachen kann. Auch in solchen Fällen zeigt das weiße Rundumlicht vom Masttopp unsere Position zuverlässiger an: Es wird auch im Seegang nicht verdeckt.

Welche Lichter und Laternen sind empfehlenswert?

Natürlich muß eine Yacht, die bei Nacht auf einer deutschen Seeschiffahrtsstraße und innerhalb der Hoheitsgewässer segelt, die vorgeschriebenen Lichter setzen. Denn nur mit Seitenlichtern und Hecklicht ist sie bei Nacht als Segelyacht zu identifizieren, und nur dann kann ihr gesegelter Kurs von anderen Fahrzeugen sicher eingeschätzt werden. Ein weißes Rundumlicht allein reicht bei Schiffsverkehr und in begrenzten Revieren nicht nur nicht aus. Die Höhe von etwa 10 m über dem Wasser verwirrt auch und kann zu gefährlichen Situationen führen, weil nur der Wachführer des Rundumlichtbootes tatsächlich weiß, auf welchem Bug er segelt oder welchen Kurs er steuert. Eine andere Yacht, die ihren Kurs durch die Seitenlichter anzeigt, kann das fremde Boot nicht einschätzen.

Ebenso selbstverständlich ist es, unter Motor das Topplicht zusätzlich zu führen und somit allen anderen Booten auf dem Revier Antriebsart und Kurs zu verdeutlichen.

Für das Segeln auf See bei Nacht gelten nach meinen vielfältigen vorhergehenden Ausführungen jedoch andere Gesichtspunkte:

Betrachten wir das Segeln bei Nacht einmal nicht mit den Scheuklappen, die uns durch das Ausrichten der Führerscheininhalte auf fragliche Lernziele angelegt sind, sondern mit dem gesunden Menschenverstand eines Skippers, der sein Boot und die ihm anvertraute Besatzung bei Nacht sicher über See oder durch ein Küstengebiet führen will, dann muß man zu dem Schluß kommen:

- Positionslichter von Yachten werden von der Schiffahrt nicht (zuverlässig) aufgefaßt.
- Man soll als Yachtsegler nicht auf einem vermeintlichen Wegerecht

bestehen, sondern sich frühzeitig und weitflächig von jedem frem- den Fahrzeug freihalten.

International ist es unter Fahrtenseglern seit vielen Jahren üblich, bei Nacht unter Segeln nur ein Rundumlicht im Topp zu setzen, das die vorgeschriebene Tragweite (bei guter Sicht!) von 2 sm hat. Nach der geänderten Lichterführung der SeeStrO, die am 1. Juli 1983 in Deutschland in Kraft getreten ist, ist diese Vollkreislaterne glücklich- erweise zugelassen, und sie darf auch dazu dienen, unter Motor Topp- licht (Dampferlicht) und Hecklicht in einer einzigen Laterne zeigen zu können. Diese Vollkreislaterne ist die wichtigste lichttechnische Ein- richtung einer Yacht, die üblicherweise auf einer Yachtreede auch als Ankerlaterne dient.

Mit diesem erlaubten Rundumlicht macht sich eine Yacht am deutlich- sten als Kleinfahrzeug kenntlich, nicht zuletzt auch durch die Höhe des Sichtzeichens über bewegtem Wasser. (Mögliche Nachteile, daß es bei tiefstehenden Beobachtern auf anderen Fahrzeugen gelegent- lich über dem Horizont steht, können dabei außer acht bleiben).

Mit einem solchen weißen Rundumlicht allein ist eine Yacht bis 12 m Länge unter Segeln auch nach der SeeSchO regelgerecht bezeichnet. Fährt sie unter Motor und will sie gegenüber einem anderen, frühzei- tig gesichteten Kleinfahrzeug ihren Kurs und ihre Lage verdeutlichen, schaltet sie die farbigen Seitenlichter zusätzlich an (Seitenlichter und Hecklicht sollten hierzu getrennte Schalter haben!)

Sicher wird es auf See und im Dunkeln niemanden geben, der bei- spielsweise eine 42-Fuß-Yacht, die sich an die gleiche Regelung hält, obwohl sie 12,80 m lang ist, vor Madeira oder Malta mit einem Band- maß nachmessen wird. Der Ordnung halber muß hier jedoch auf deren Bedingungen als ,,Yacht von weniger als 20 m Länge" hingewiesen werden.

Die optimale Laternenausstattung einer Yacht in den üblichen Größen von einer kleinen Dehlya 22 bis zu einer großen Hallberg Rassy 42, d. h. im Längenbereich der SeeStrO von 7 bis 12 m, ist nach meiner Erfahrung:

a) Weiße Vollkreislaterne, Leuchtwinkel 360°, 10-Watt-Glühlampe,

Stromverbrauch 0,8 A, Tragweite 2 sm (gegebenenfalls ein Modell mit einem Zusatzgerät, das den Buchstaben „Victor" (kurz – kurz – kurz – lang) als internationales Signal „Ich benötige Hilfe" automatisch vom Masttopp ausstrahlt).

b) Doppelfarbige Seitenlaterne grün – rot, Leuchtwinkel rot 112,5° und grün 112,5° 25-Watt-Glühlampe, Stromverbrauch 2,1 A, Tragweite 2 sm.

c) Hecklaterne, weiß, Leuchtwinkel 135° mit 10-Watt-Glühlampe, Tragweite 2 sm, Stromverbrauch 0,8 A
(Hecklaterne getrennt von den Seitenlaternen schaltbar)
Dazu aus Gründen der Sicherheit bei Ausfall der Vollkreislaterne (und eine größere Tragweite unter Motor):

d) Topplaterne, weiß, Leuchtwinkel 225° mit 25-Watt-Glühlampe, Tragweite 3 sm, Stromverbrauch 2,1 A.

Unter Motor muß bekanntlich das Topplicht **über** den Seitenlichtern geführt werden. Somit entfällt die Möglichkeit, die Seitenlichter und das Hecklicht auch in einer Dreifarbenlaterne grün – rot – weiß mit einer einzigen 25-Watt-Lampe auf dem Masttopp zu führen. Der geringere Verbrauch von 0,8 A für das zusätzliche Hecklicht ist unbedeutend.

Daraus ergeben sich dann die Alternativen:

Unter Segeln führt man entweder

a) Rundumlicht oder

b) Seitenlichter und Hecklicht

Unter Motor führt man entweder

a) und b) = Rundumlicht und Seitenlichter oder

b), c) und d) = Seitenlichter, Hecklicht und Topplicht

Das weiße Rundumlicht wird am häufigsten benutzt: Es wird unter Segeln allein geführt, wenn andere Kleinfahrzeuge nicht in Sicht und keine oder nur die Lichter von Dickschiffen auszumachen sind. Es wird am Ankerplatz als Ankerlicht benutzt. Zusammen mit den Seitenlichtern stellt es unter Motor auch Topplicht und Hecklicht dar. Bei Nachtfahrt unter Segeln wird es nur dann ausgeschaltet und durch die doppelfarbige Seitenlaterne mit Hecklicht ersetzt, wenn sich andere

Kleinfahrzeuge nähern. Die entsprechende Zeitspanne ist erfahrungsgemäß kurz.

Die doppelfarbige Seitenlaterne wird bei Nacht und unter Segeln nur
kurzzeitig angeschaltet, siehe oben. Sie ist unter Segeln und unter
Motor unverzichtbar, denn es ist eine Seitenlaterne im Decksbereich
nötig, weil unter Motor das Dampferlicht **über** den Seitenlichtern
geführt werden muß. Eine Dreifarbenlaterne im Masttopp kann diese
Bedingungen nicht erfüllen.

Die Rundumlaterne auf dem Masttopp kann auch mit einer 25-Watt-
Lampe bestückt sein (aus Gründen der Krängung; siehe oben). Sie
erfüllt dann bei Ausfall der Topplaterne die Aufgabe eines kombinier-
ten Topp- und Hecklichtes selbst bei Yachten unter Motor von mehr
als 12 m Länge, weil das Licht dadurch eine Tragweite von 3 sm erhält.
Der Nachteil: Der Stromverbrauch der 25-Watt-Lampe ist bei Dauerbe-
trieb beträchtlich größer und die größere Tragweite während der meisten Zeit nicht erforderlich.

Ich habe mich daher für die Anschaffung von Rundumlaterne (10 W)
und Topplaterne (25 W) entschieden. Die Elektro-Bilanz für Nachtfahrten sieht dann wie folgt aus:

1. Rundumlicht, 7 Stunden: $7 \times 0,8 \, A = 5,6 \, Ah$ Stromverbrauch. Bei
   Annäherung fremder Fahrzeuge: 2 Stunden Seitenlaternen und
   Hecklicht (dafür Rundumlicht ausgeschaltet): zusätzlich $2 \times 2,1 \, A$
   $= 4,2 \, Ah$.

   Strombedarf Lichterführung insgesamt für 7 Stunden Nachtfahrt =
   $9,8 \, Ah$.

   Dazu: Kompaßbeleuchtung (7 Stunden je 5 W) = $7 \times 0,5 \, A = 3,5 \, Ah$.
   Kartentisch und Innenbeleuchtung (max. je 2 Stunden) = je 10 Watt
   $= 2 \times 0,8 \, A \times 2 \, Stunden = 3,2 \, Ah$.

   Das ergibt einen maximalen Strombedarf von 13 Ah, doch kommt
   man erfahrungsgemäß mit erheblich weniger aus.

2. Die Topplaterne kann unbedenklich mit einer 25-Watt-Lampe
   bestückt sein, weil man sie nur unter Motor benutzt und dementsprechend elektrische Energie für sie immer ausreichend erzeugt
   wird.

Hat die elektrische Energiebox nur eine Kapazität von 44 Ah, wird man unbedenklich auch zwei Sommernächte lang ohne Ladung der Batterie durchsegeln können. Ist man mit einer so kleinen Batterie länger unterwegs, muß man nachladen. Einbaumotoren haben erfahrungsgemäß Lichtmaschinen von 37 A Leistung. Man muß dann nach zwei Tagen den Motor etwa eine Stunde laufen lassen, um wieder ca. 26 Ah zu ersetzen, wenn man nicht über Solargeneratoren, Windgeneratoren oder Schleppgeneratoren (Watt-As) neue Energie für den verbrauchten Strom erzeugen kann.

Langfahrtenyachten sind erfahrungsgemäß jedoch mit größeren Batterien von mehr als 100 Ah ausgestattet, so daß sie auch eine Woche lang unterwegs sein und nachts segeln können, ohne die Batterie nachzuladen. Sie würden für 7 Nächte weniger als die oben genannte Summe von 91 Ah verbrauchen, weil Begegnungen dort seltener als in Küstennähe sind und der energieträchtige Zusatzbetrieb der Seitenlaternen entfällt.

In keinem Falle ist es erforderlich, geprüfte Laternen zu manipulieren, um Strom zu sparen, oder unbeleuchtet zu segeln, wie diese kurze Elektrobilanz zeigt.

Inwieweit dienen Yachtlaternen wirklich der Sicherheit?

Summieren wir für die Praxis, was in den vorangegangenen Abschnitten ausführlich erläutert wurde und fassen in simplen Zahlenbeispielen zusammen, was sich für die Tragweite unserer farbigen Lichter, die aus unseren farbigen Positionslaternen ausgestrahlt werden, in bestimmten Situationen ergibt, wenn wir nicht bei ,,guter Sicht'', ,,ohne Krängung'', ,,mit voller Batterie'' und ,,Lampen vorgeschriebener Leistung'' segeln:

1. ,,Mäßig gute Sicht'' und ,,Krängung 15°'':
   1,8 sm × ca. 50% Tragweite = ca. 0,9 sm
   Tragweite nur 0,9 sm (anstatt 2,0 sm unter Mindestbedingungen

2. „Mäßiger Dunst" und „Batteriespannung um 5% geringer"
   1,5 sm × ca. 60% Tragweite = ca. 0,9 sm
   Tragweite nur 0,9 sm (anstatt 2,0 sm unter Mindestbedingungen)

3. „10-Watt-Lampen anstelle von 25 W" (Mindestlichtstärke reduziert)
   und „15° Krängung"
   0,8 sm × ca. 50% Tragweite = ca. 0,4 sm
   Tragweite nur 0,4 sm (anstatt 2,0 sm unter Mindestbedingungen)

Leider gibt es bisher weder von den Laternenherstellern noch aus praktischen Versuchen anderer Institutionen genaue Testwerte für die oben genannten Bedingungs-Kombinationen, so daß wir vorerst mit diesen groben Schätzungen auskommen müssen. Für den Yachtskipper genügen sie jedoch als Richtwerte für nautische Entscheidungen, die ja auch nur mit Schätzung des Abstandes zu einem fremden Fahrzeug und der Abschätzung von seinem Kurs und seiner Fahrt getroffen werden müssen.

Leuchttonnen sind Wegweiser bei Nacht

In Navigationskursen wird gelegentlich davor gewarnt, Tonnen zur Schiffsortbestimmung zu benutzen. Die Begründung: Sie sind verankerte Schiffahrtszeichen, die vertreiben können, und wenn man eine vertriebene Tonne zur Ortsbestimmung benutzt, kann man schwerwiegende nautische Fehlentscheidungen treffen.
Nun sind aber Tonnen auf See gerade zu dem Zweck ausgelegt, dem Nautiker an einer bestimmten Stelle auf See eine ganz gezielte Information zu geben, über die Begrenzung des Fahrwassers beispielsweise oder als Punkt eines Schiffahrtsweges, der auch in der Seekarte eingetragen ist. Insoweit wäre es schon unsinnig, diese Position anzu-

zweifeln, wenn die Tonne auch nach dem gegißten Schiffsort nahezu an ihrem vorbestimmten Platz liegt oder diese Position nicht zur Kontrolle des eigenen, vielleicht unsicheren gegißten Schiffsortes zu benutzen und zu berichtigen.

Fahrwassertonnen sind heute nicht nur entlang der Schiffahrtsstraßen zum Ansteuern von Häfen ausgelegt, man trifft sie auch an Wegepunkten der Schiffahrtswege, die die kürzesten und sichersten Distanzen zwischen den Häfen in vielen Küstenrevieren der Welt kenntlich machen. Wenn die Berufsschiffahrt sich nach solchen Tonnen auch auf See richtet, sollten wir Yachtsegler ihnen nicht weniger vertrauen können – noch dazu, weil vor einer vertriebenen Tonne in den nautischen Warnnachrichten im Anschluß des Seewetterberichtes sofort gewarnt oder Tonnen bekanntgegeben werden, die sich von ihrer Verankerung gelöst haben und in entfernteren Revieren treibend gesichtet worden sind.

Bei Nacht sind die Leuchttonnen, die entlang der Schiffahrtswege ausgelegt sind, wichtige Helfer nicht nur zur gelegentlichen Kontrolle des Schiffsortes, sondern auch als Kursmarken. Es läßt sich nun einmal leichter steuern, wenn man ein Lichtzeichen voraus nehmen und dabei gleichzeitig die umgebende See beobachten kann, als kurzsichtig den glimmenden Kompaßstrich einer bewegten Rose im Auge zu halten, gelegentlich aber auch zum Ausguck einen Rundblick an die Kimm zu werfen. Durch ihre unterschiedlichen Kennungen sind es auch zuverlässig zu identifizierende Kursmarken.

In Abb. 98 habe ich die Sichtweiten der Leuchttonnen eingetragen, wie sie in der westlichen Ostsee ausgelegt sind – mit jener Entfernung, wie sie unter optimalen Bedingungen aus der Plicht einer Yacht zu erkennen sind. Es sind dies Tonnen am Kiel-Flensburg-Weg, Kiel-Ostsee-Weg, Kiel-Fehmarn-Sund-Weg sowie an den Wegen in den Großen Belt. Es sind Kreise mit einem Radius von 3 sm um jede Leuchttonne. Das bedeutet: Früher werden wir eine solche Tonne nicht zuverlässig sichten können. Taucht die achteraus zurückgebliebene Tonne in die Kimm ein, dann sind wir etwa 3 sm von ihr entfernt, und wir müssen (z. B. zwischen Schlei-Olpenitz und Fallshöft) noch

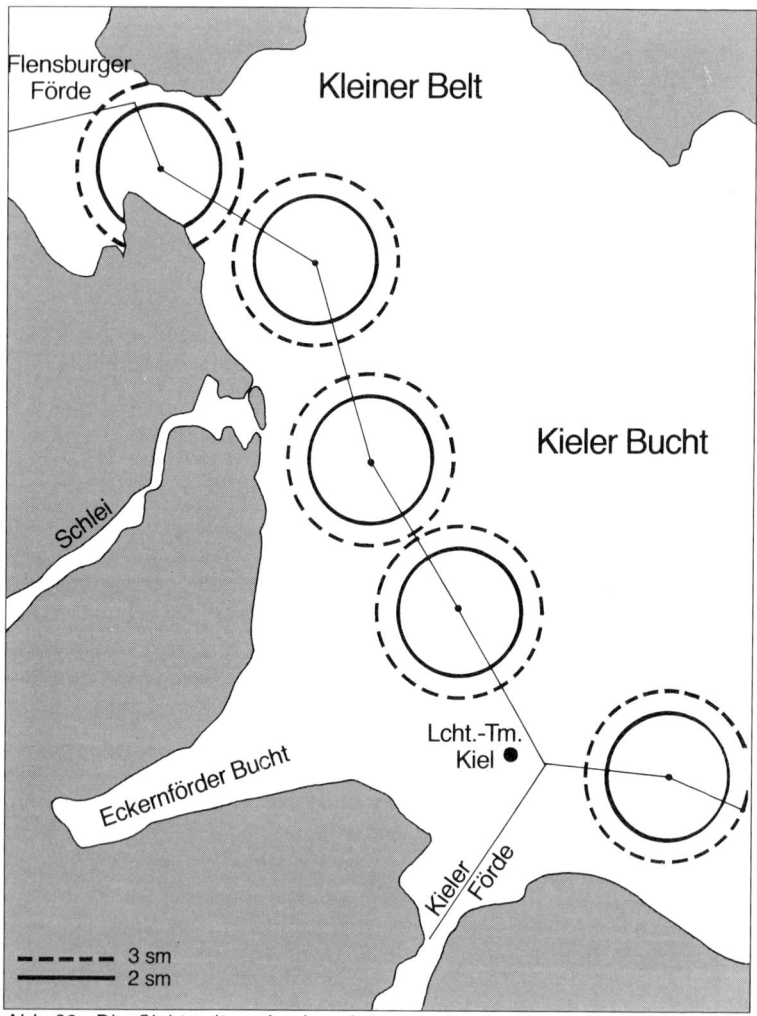

Abb. 98: Die Sichtweiten der Leuchttonnen in der Westlichen Ostsee unter optimalen Bedingungen aus der Plicht einer Yacht.

mindestens 1 sm nach Norden segeln, ehe wir den Schein der nächsten Tonne aus der Kimm auftauchen sehen. Der Ausguck sollte sich während dieser Zeit also nicht anstrengen, zu früh nach der vorausliegenden Leuchttonne zu suchen.

Was verstehen wir unter „optimalen Bedingungen"?

• Die Tatsache, daß der Lichtschein der Leuchttonne tatsächlich und vollständig so weit über der Kimm steht, daß die Tonne nicht nur ständig in Sicht ist, sondern auch die Kennung ihres Feuers deutlich auszumachen ist.

• Eine nur mäßig bewegte oder glatte See, in der die Tonne ihre Lage in vertikaler Richtung um weniger als einen Meter verändert und auch die Yacht in ihren Bewegungen nur für eine Verminderung der Augenhöhe zwischen 2 m und 1 m sorgt.

• Eine gute bis mäßig gute meteorologische Sichtweite, die bei Tage einer Sicht von mindestens 11 sm entspricht und an den deutschen Küsten als optimaler Durchschnittswert angesehen wird.

Hinsichtlich der möglichen Sichtweite der Leuchttonnen gibt es also mindestens drei unterschiedliche Vorbehalte. Sind nur zwei der genannten Tatsachen gegeben, wird man eine Leuchttonne sogar sehr viel weniger weit als in 3 sm Abstand ausmachen können. Diese Realität zu kennen ist für die nautische Yachtführung wichtig.

Beschäftigen wir uns mit den genannten Tatsachen noch etwas eingehender: Die von den Wasser- und Schiffahrtsämtern ausgelegten und betreuten Leuchttonnen sind auf See mit der sogenannten „300er Seelaterne" bestückt, während für die wichtigsten Fahrwasser (auf Elbe und Weser) die Optik einer 200er Seelaterne benutzt wird. Die Energie liefert in allen Fällen eine Gasflasche.

Die 300er Seelaterne hat eine Lichtstärke von 740 Candela (cd), die 200er Seelaterne von 480 cd. Bei einer „mäßig guten bis guten Sicht", die der Fachmann als „Sigma-Wert von 0,74" bezeichnet, scheint ein weißes Licht der 300er-Laterne 9 sm, das der 200er-Laterne nur 8 sm weit. Sie sehen bei einem Vergleich der Lichtstärken beider Laternen (740 cd und 480 cd), daß man die Lichtstärke der 200er-Laterne um 65% erhöhen muß, um das Licht nur eine einzige Seemeile oder gut

10% weiter tragen zu lassen. Da die Unterschiede bei den weiteren Untersuchungen, zu denen ich Sie einladen will, noch mehr zusammenschrumpfen, wollen wir uns anschließend nur mit den Werten der 200er-Optik beschäftigen, weil sie in jedem Parallelfall auch von der 300er Optik erzielt werden.

Die Tragweite des weißen Lichtes einer Leuchttonne von 8 sm bei durchschnittlich guter meteorologischer Sichtweite bedeutet aber nicht, daß wir die Leuchttonne auf diese Distanz bereits erkennen können. Diese Tragweite wurde gewählt, um ihren Schein bis zu einem Nautiker zu schicken, der mit einer Augenhöhe von 5 m auf der Brücke seines Schiffes steht. Er hat in dieser Entfernung die 2 m hohe Leuchttonne in der Kimm. Seine Schiffsbewegungen sind bei normalem Wetter unbedeutend. Die Tauchschwingungen der Tonne lassen sich vernachlässigen.

Bei einer Yacht ist dies anders. Bei einer Augenhöhe von 2 m würde eine Leuchttonne mit einer 2 m hohen Optik zwar theoretisch in gut 5 sm Abstand mit ihrem Lichtschein in der Kimm stehen. In der Praxis sollte man aber sowohl dem auf- und abtauchenden Leuchtkörper als auch der stampfenden oder krängenden Yacht eine durchschnittliche geringere Höhe über dem Wasserspiegel attestieren, so daß man mit je einem Meter die Bedingungen der ersten Sichtung in der Kimm frühestens bei etwa 3 sm erreicht und die Bedingungen sicheren Auszählens der Kennung in einer Entfernung von 2 sm erhält. Insoweit hilft uns also das „starke Licht" zuerst scheinbar wenig.

Sichtverhältnisse	Sichtigkeitsgrad	weißes Licht	gelbes Licht	rotes Licht	grünes Licht
gute Sicht	8	8	7,4	5,7	5,3
mäßig gute Sicht	7	5	4,8	4	3,7
starker Dunst	5	2	1,8	1,4	1,3
mäßig dichter Nebel	2	0,3	0,28	0,25	0,22

Sichtweite einer Leuchttonne mit einer Lichtquelle von ca. 1 bis 2 m über dem Wasserspiegel bei einer Augenhöhe einer im Seegang segelnden Yacht von 1 bis 2 m. Werte in sm, bis das Licht der Tonne deutlich und frei über dem Horizont steht und die Kennung zuverlässig ausgezählt werden kann. (Berechnete und persönliche Erfahrungswerte.)

Abb. 99: Sichtweite von Leuchttonnen bei unterschiedlichen Sichtverhältnissen.

Dafür können wir jedoch auch bei unserer geringen Augenhöhe von 2 m eine Leuchttonne auch noch bei mäßig guter Sicht und bei starkem Dunst im Abstand von 2 sm sichten – mit Vorteilen gegenüber dem Handelsschiffsoffizier, der die gleiche Tonne auch von seiner höheren Warte erst in nahezu gleichem 2-sm-Abstand ausmacht. Die Tabelle 99 zeigt, wie eine Leuchttonne bei verschlechterter meteorologischer Sichtweite zu erkennen ist.

Zeichnen wir uns in der Praxis 3-sm-Kreise um jede Leuchttonne, die an unserem Wege liegt, dann gewinnen wir gute Erfahrungswerte
- für die Distanz, die wir von einer Tonne entfernt stehen, wenn sie im Kielwasser nicht mehr sichtbar ist und
- die Zeit, die wir zwischen 2 Tonnen segeln müssen, ehe wir in den Sichtkreis der vorausliegenden Tonne kommen.

Dieser Erfahrungswert schließt dann sowohl die erschwerten Bedingungen im Seegang als auch diejenigen nicht so guter Sicht mit ein, und Sie können auch die Crew beruhigen, wenn man eine Tonne sucht: zu früher, sorgfältiger Ausguck schadet nur.

Bisher haben wir nur die Tragweite von Leuchttonnen mit weißem Licht betrachtet. Bedingt durch die Streuverluste bei farbigem Licht erreicht man mit der gleichen Lichtquelle von 740 cd in einer 300er Seelaterne bzw. 480 cd. in einer 200er Seelaterne unter vergleichbaren, oben genannten Bedingungen eine sehr viel geringere Tragweite für rote, grüne und gelbe Leuchttonnen:

Um die entsprechende Tragweite farbiger Lichter als Funktion der Lichtstärke zu ermitteln, gelten bei den Wasser- und Schiffahrtsämtern folgende Werte:

weiß	= 1,0	=	480 cd Lichtstärke	(740 cd)
gelb	= 0,7	=	336 cd Lichtstärke	(518 cd)
rot	= 0,25	=	120 cd Lichtstärke	(185 cd)
grün	= 0,18	=	86 cd Lichtstärke	(133 cd)

Wenn wir mit diesen Werten der Lichtstärke in die Tabelle jedes Leuchtfeuerverzeichnisses (Abb. 100) gehen, dann können wir hier ablesen, wie weit beispielsweise ein (rotes) Licht mit 120 cd Lichtstärke reicht: es sind ca. 5,7 sm (bei dem oben genannten Sigma-Wert von 0,74). Genau ergibt sich als Tragweite für weiße und farbige Lichter in der 200er Seelaterne mit ungetönten oder farbig getönten Gläsern:

weißes Licht   8   sm

gelbes Licht   7,4 sm

rotes Licht   5,7 sm

grünes Licht   5,3 sm

Ein grünes Licht ist also schlechter erkennbar als ein rotes Licht, und beide farbigen Lichter scheinen nur etwa zwei Drittel der Distanz, die man einen weißen Lichtschein sieht. Oder anders: Die roten und grünen Fahrwassertonnen sind schlechter auszumachen, weniger weit sichtbar oder kommen später in Sicht als Leuchttonnen mit weißem bzw. gelben Licht.

Faßt man die Tragweite der farbigen Lichter in Prozentpunkten zusammen, so ergibt sich etwa:

für weiß   = 8   sm = 100%

für gelb   = 7,4 sm =   92%

für rot   = 5,7 sm =   71%

für grün   = 5,3 sm =   66%

(für alle Angaben: Sigma = 0,74)

Und nun gehen wir noch einen weiteren Schritt in die nautische Problematik der Sichtung von Fahrwassertonnen hinein: Bisher hatten wir die Sichtweiten nur bei ,,dunkler Nacht und klarer Sicht'' betrachtet. Jetzt wollen wir ermitteln, wie weit wir Tonnen des Schifffahrtsweges auf See und Fahrwassertonnen im Küstengebiet bei schlechterer Sicht erkennen können. Wir wählen hierzu die Sichtigkeitsgrade 7 (mäßig gute Sicht), 5 (starker Dunst) und 2 (mäßig dichter Nebel) aus.

Die entsprechenden Werte zeigt Tabelle 99.

Unsere Erkenntnisse für die nautische Praxis einer Nachtfahrt:

• Bei den Leuchttonnen mit weißem Licht wird der Schein sowohl bei guter Sicht als auch bei mäßiger Sicht und sogar bei starkem Dunst genauso weit getragen, wie wir die Tonne mit unserer geringen Yacht-Augenhöhe überhaupt nur sichten könnten. Auch eine Sichtver-

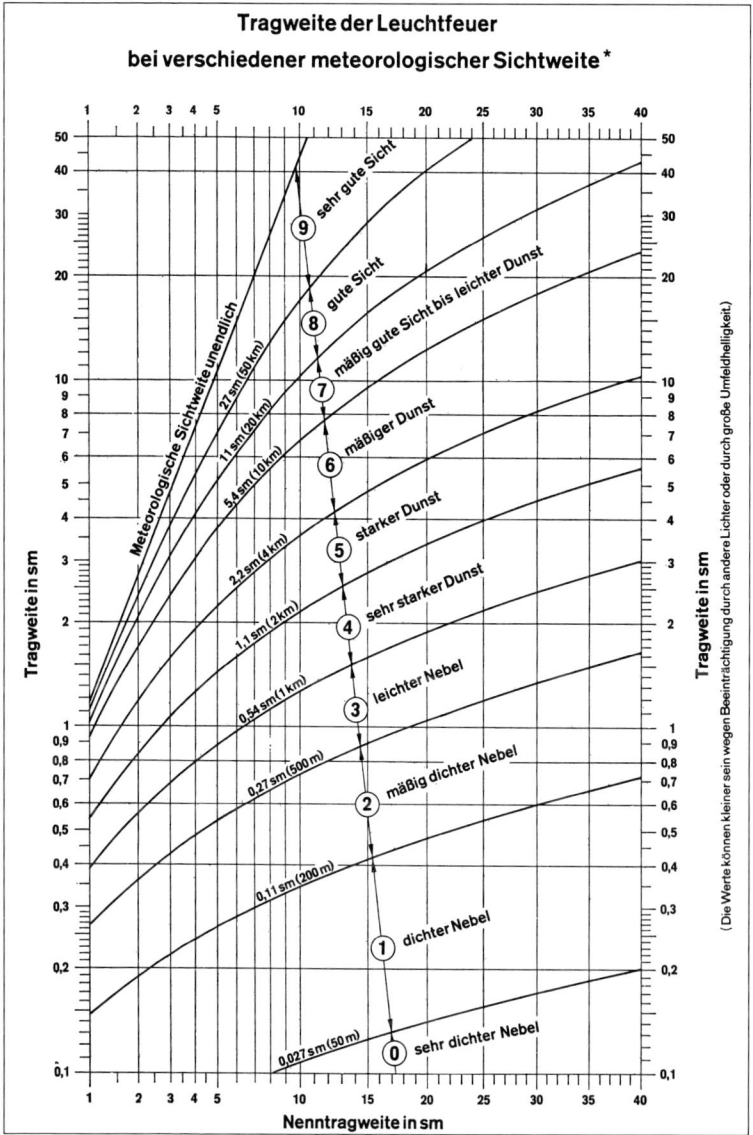

Abb. 100: Tragweite der Leuchtfeuer bei verschiedener meteorologischer Sichtweite.

165

schlechterung wirkt sich für unsere Yachtbedingungen nicht nachteilig aus. Das starke Licht der Leuchttonne durchdringt auch den Dunst noch so weit, wie unsere geographische Sichtweite vom Deck einer Yacht beträgt.

● Erst bei stärkerer Unsichtigkeit, d. h. von ,,sehr starkem Dunst'' bis ,,dichtem Nebel'', wird auch die Lichtstärke dieser Seelaternen so weit gedämpft, daß eine Leuchttonne nicht mehr 2 sm, sondern (bei mäßig dichtem Nebel) nur noch 3 Kabellängen weit auszumachen ist.

● Bedingt durch die Streuverluste farbigen Lichts haben insbesondere rote und grüne Tonnen unter gleichen meteorologischen Bedingungen einen sehr viel kleineren Sichtbereich als Leuchttonnen mit weißem Licht. Wartet man beispielsweise nach Passieren einer Ansteuerungstonne mit weißem Gleichtaktfeuer, die bei ,,starkem Dunst'' eine Sichtweite von 2 sm hat, auf das Aufleuchten der sich anschließenden grünen und roten Tonnen an der Steuerbord- und Backbord-Fahrwasserseite, dann wird man diese erst in einem Abstand von 1,3 bzw. 1,4 sm ausmachen können. Man sollte also erst entsprechend später dem Ausguck einschärfen, sorgfältig aufzupassen.

● Bei schlechter Sicht, beispielsweise wie hier bei ,,starkem Dunst'', kann es vorkommen, daß man nach dem Passieren einer Fahrwassertonne die nächste mit gleichem farbigen Licht noch nicht sichtet, obwohl sie bei klarem Wetter immer deutlich auszumachen war. Welcher Sichtigkeitsgrad herrscht und welche Tragweite unter den meteorologischen Gegebenheiten zutrifft, kann man durch Messen der Distanz ermitteln, die man nach dem Passieren der Tonne bis zu ihrem Außersichtkommen am Log abliest.

● Bei guten Sichtverhältnissen sind die Unterschiede in den Sichtweiten weißer und farbiger Lichter größer als bei schlechten Sichtverhältnissen, zumindest scheint es so. Aber die Tabelle zeigt, daß auch für eine sich verschlechternde Sicht die gleichen Prozentzahlen für die vermittelte Tragweite von farbigen Lichtern gegenüber einem weißen Licht gelten, wie sie oben genannt wurden.

Wer die Streuverluste farbiger Lichter gegenüber weißem Licht kennt

166

und gleichzeitig darüber nachdenkt, wieviel Licht bei schlechter Sicht durch die Wasserpartikelchen in der Atmosphäre absorbiert und wie dadurch die Sichtweite eingeschränkt wird, der wird gelassener reagieren können, wenn eine Leuchttonne nicht zum ursprünglich erwarteten Zeitpunkt in Sicht kommt. Er wird dann seinen Kurs vertrauensvoll weiter durchhalten – nach der Maxime: Die nächste Tonne kommt bestimmt – aber bei schlechterer Sicht nicht unbedingt bald.

Ein Feuer brennt nicht – was tun?

Die vielen verwirrenden Begriffe, überflüssigen Angaben und vielfach nutzlosen Fertigkeiten, die ein Yachtsegler erlernen muß, um einen Führerscheinkursus durch Lösen von Navigationsaufgaben in der Wohnstube zu bestehen, bedürfen für die tatsächliche Praxis ein paar klärender Bemerkungen. Besser wäre es tatsächlich für die nautische Ausbildung dieser Masse unserer Segler, wenn man ihnen weniger Stoff aufbürden, aber die wichtigsten Kenntnisse ausführlicher entwickeln würde – getreu der pädagogischen Maxime: Weniger ist oft mehr. Durch die Themenstellung des Buches bedingt kann ich hier nur einige der notwendigen Ergänzungen machen:

Ein Yachtsegler kann auf ein Leuchtfeuerverzeichnis verzichten

Wer nur während der Segelsaison zu Nachtfahrten in die europäischen Küstenreviere ausläuft, kann auf den Kauf und damit auch gleichzeitig auf die zeitraubende Berichtigung eines Leuchtfeuerverzeichnisses verzichten. Ohnehin müßte er meistens mehrere ,,Feuerbücher'' an Bord haben und betreuen. Die für ihn wichtigen Angaben der Leuchtfeuerverzeichnisse, nämlich: Farbe, Lichterscheinung,

Kennung, Wiederkehr (in Sekunden), Nenntragweite (in sm) und Leuchtfeuerhöhe (in m) sind nämlich auch an Ort und Stelle in der Seekarte enthalten. Sie muß natürlich auf dem gültigen Stand gehalten werden.

Die Nenntragweite eines Feuers ist von seiner Lichtstärke abhängig

Betrachten wir diesen Faktor als ersten Schritt bei der wichtigen Beurteilung, wie groß der Sichtbereich (ich vermeide hier bewußt den Begriff „Sichtweite") eines Leuchtfeuers, eines Positionslichtes, eines Fischerlichtes, einer Seenotleuchte, eines Nachtrettungslichtes oder eines Ankerlichtes ist. Ihr wichtigstes Kriterium ist die in Candela angegebene Lichtstärke, und diese wiederum ist sowohl von der Leistung der elektrischen Glühlampe oder Petroleumlampe innerhalb als auch den entsprechenden Gläsern an der Außenwand der Laterne abhängig, mit der das entsprechende Licht gezeigt wird. Bitte beachten Sie die an anderer Stelle erläuterten wichtigen Begriffsbestimmungen „Lampe", „Laterne" und „Licht", die weder in Segelbüchern noch beim Fachsimpeln am Steg auseinandergehalten und richtig benutzt werden.

Fischerlichter, die im Ausland teilweise noch mit Petroleumlaternen gezeigt werden, werden durch ihre geringe Lichtstärke oft nur in einem Umkreis von weniger als einer Seemeile in die Nacht hinausgetragen. Die roten und grünen Seitenlichter unserer Yachten haben eine Tragweite von 2 sm, die entsprechenden Positionslichter der Schiffe von 3 sm. Die entsprechende Lichtstärke für Yachtlaternen enthält die Abb. 88.

Wie sehr man die Lichtquelle noch verstärken muß, um einen Lichtschein auch in weiterer Entfernung deutlich zu machen, zeigt folgende Tabelle mit der Beziehung zwischen Lichtstärke und Nenntragweite bis 30 sm:

168

Lichtstärke	Nenntragweite
15 cd	3 sm
75 cd	5 sm
480 cd	8 sm
1 400 cd	10 sm
14 000 cd	15 sm
110 000 cd	20 sm
770 000 cd	25 sm
4 900 000 cd	30 sm

Wer einmal die spiegelverstärkte Lampe eines Leuchtturms und die großen Linsen dieser mächtigen Laternen von der Größe eines Zimmers auf der Spitze eines Leuchtturmes aus nächster Nähe betrachtet hat, wird auch die Schwierigkeiten ermessen können, mit einem solchen allseitig strahlenden Scheinwerfer einen Lichtschein 2 Dutzend Meilen weit über das Wasser in die Ferne zu schicken. Sieht er sich dann die Laternen seines eigenen Bootes an und vergegenwärtigt sich seine winzige Bordbatterie als Energiespender, wird er sich keinen Illusionen mehr hinsichtlich der Tragweite dieser Lichter und des Gesehenwerdens seines Bootes bei einer Nachtfahrt hingeben.

Die Tragweite eines Feuers hängt von der unterschiedlichen meteorologischen Sichtweite ab

Erinnern wir uns noch einmal: Die Seekarten geben die „Nenntragweite" eines Leuchtfeuers an, d. h. die bei guter Sicht und nahezu unendlicher meteorologischer Sichtweite erreichbare Grenze, an der noch ein deutlicher Lichteindruck des Feuers auszumachen ist. Diese Entfernungsangabe besagt jedoch nicht, daß wir das Feuer tatsächlich bereits in dem gegebenen Abstand von beispielsweise 20 sm deutlich ausmachen müssen oder daß wir noch 20 sm von ihm entfernt sind, wenn wir es sichten.
Die Entfernung, in der wir den Lichtschein eines Leuchtfeuers noch wahrnehmen, ist neben der oben genannten Lichtstärke vom Sichtigkeitsgrad der Luft abhängig. Simpel ausgedrückt: Bei „dicker Luft"

wird auch der stärkste Lichtschein in kurzer Entfernung von der Licht-quelle verschluckt. Man wird dann ein Leuchtfeuer mit einer ,,Nenn-tragweite" von 20 sm aus leichtem Nebel oder starkem Dunst vielleicht erst in 2 sm Abstand auftauchen sehen.

Die Abb. 100 zeigt die unterschiedliche Tragweite der Leuchtfeuer bei verschiedener meteorologischer Sichtweite, d. h. die maximale Reich-weite einer gegebenen Lichtstärke oder Nenntragweite bei der jeweili-gen Beschaffenheit der Luft.

Man darf also weder unruhig werden, wenn ein Feuer bei dem ent-sprechenden gegißten Abstand auch bei klarer Sicht am Schiffsort nicht in Sicht kommt; denn starker Dunst oder dichter Nebel können ja auch dicht vor der Küste liegen und das Feuer bereits dort zu-decken.

Als Maß für die Lichtdurchlässigkeit der Atmosphäre, die in Abb. 100 von ,,dichtem Nebel" über ,,sehr starken Dunst" bis ,,mäßig guter Sicht" und schließlich zu ungetrübter Atmosphäre reicht, dient der ,,Sichtwert", Zur Berücksichtigung von Verlusten bei der Berechnung der Tragweite wird ein Sichtwert von 0,74 oder 74% der Lichtstärke der Lichtquelle eingesetzt. Er gilt auch für die Prüfung der elektri-schen Positionslaternen, die ihre vorgeschriebene Tragweite bereits bei ,,mäßig guter Sicht" erreichen. Bei ,,guter" oder ,,sehr guter Sicht", die allerdings nur zu etwa 30% im Jahresmittel vorkommt, sind sie also ein wenig weiter zu erkennen, bei ,,mäßigem Dunst" oder ,,leichtem Nebel" entsprechend später.

Die Sichtweite eines Feuers ist geringer als die Distanzangabe in der Seekarte

Neben der ,,dicken Luft" (der meteorologischen Sichtweite) als Grund für die kürzere Tragweite eines Lichtscheins auf die See hinaus als in der Seekarte angegeben, muß man auch die geringere Augenhöhe auf einer Yacht in die Überlegungen der terrestrischen Navigation bei Nacht einbeziehen: Einmal beziehen sich die Seemeilen-Angaben für die Nenntragweite in der Seekarte auf eine Augenhöhe von 5 m. Sie sind also für den Schiffsoffizier gefertigt, der auf der Brücke eines Butterdampfers oder eines Kümos steht. Er kann auf seinem Brückenposten davon ausgehen, ein entsprechend hochstehendes Feuer unter optimalen Bedingungen in der gedruckten Entfernung ausmachen zu können.

Ein Yachtsegler muß davon ausgehen, daß er das gleiche Feuer von seiner 2-m-Augenhöhe an Deck oder in der Plicht erst sehr viel später sichten wird. Als Yachtskipper muß man etwa 10% von der angegebenen Nenntragweite abziehen, um den Abstand in Seemeilen für ein Yachtdeck zu erhalten. Man darf also auch aus diesem Grunde nicht unruhig werden, wenn man auch auf einem zuverlässigen wahren Schiffsort in dem auf der Seekarte angegebenen Abstand vom Feuer den Lichtschein noch nicht ausmachen kann.

Die anderen Überlegungen betreffen die Beziehungen der Augenhöhe zur Feuerhöhe in Verbindung mit dieser „Sichtweite eines Feuers", wie sie in der Tabelle „Abstand eines Feuers in der Kimm" (Abb. 101) zu kontrollieren ist. Nehmen wir das Beispiel, das in der Karte 1 des Deutschen Hydrographischen Instituts gegeben ist, in dem Heftchen der Zeichen und Abkürzungen in den deutschen Seekarten, das wohl überall an Bord ist. (Abb. 102). Das genannte Blitzfeuer mit einer Feuerhöhe von 108 m könnte nach seiner geographischen Sichtweite auf einem Frachter (mit 5 m Augenhöhe) bereits in etwa 26 sm Entfernung in der Kimm ausgemacht werden. Dies ist aber nur unter den seltenen Bedingungen einer unendlichen meteorologischen Sichtweite möglich. Unter durchschnittlich optimalen Sichtverhältnissen, die wir vorher besprachen, kann es aber erst in einem Abstand von etwa 20 sm ausgemacht werden.

Wenn der Kümo-Kapitän es bei „guter bis mäßig guter Sicht" ausmachen kann, wird es mit seiner Höhe von 108 m nicht mehr in der Kimm liegen, sondern bereits deutlich über der Kimm stehen. Dies zeigt uns die Abb. 101 „Abstand eines Feuers in der Kimm (Sichtweite)", wenn wir mit der Augenhöhe von 5 m oben in die Tabelle eingehen, 20,0 sm Sichtweite aufsuchen und links mit 55 m nur etwa die halbe Feuerhöhe ablesen können. Der Yachtsegler wird das Feuer bei den gleichen Verhältnissen „guter bis mäßiger Sicht" übrigens zu gleicher Zeit und ebenfalls über der Kimm ausmachen können. Seine geringere Augenhöhe von 1 m oder 2 m (siehe Abb. 101) fällt dabei wenig ins Gewicht.

Hätten sich also die Schiffahrtsbehörden den Hochbau des Feuers auf 108 m über dem Meeresspiegel sparen können, weil es ein 55 m hoher Turm bei der mit einer Lichtstärke von etwa 100 000 Candelar für 20 sm gegebenen Tragweite auch getan hätte? (Jedes beliebige Verhältnis von Lichtstärke (in cd) zu Nenntragweite (in m) kann man aus der Abb. 100 entnehmen.) Sicher nicht; denn die Bestückung des relativ hohen Feuerturms mit einem nicht extrem starken Feuer könnte auch die ganzjährig extrem guten Sichtverhältnisse in Rechnung gestellt haben, die hier örtlich und ganzjährig herrschen: Bei „guter Sicht" oder sogar „sehr guter Sicht" ist auch Feuer von 100 000 Candelar beträchtlich weiter als 20 sm zu sehen, und es erreicht dann leicht seine geographische Sichtweite von etwa 26 sm (für eine Kümo-Brücke) oder etwa 24 sm (für die Plicht einer Yacht), die durch seine Feuerhöhe von 108 m gegeben ist.

Das kurze Fazit dieser bewußt ausführlichen Darstellung: Ein Leuchtfeuer kann auch in einem sehr viel weiteren Abstand von seinem Standort in Sicht kommen, als seine Tragweite in der Seekarte angegeben ist, wenn es sehr hoch steht und eine ausgesprochen gute oder sehr gute Sicht herrscht. Unser gegißter oder wahrer Standort, den wir mit Hilfe dieses Feuers ermitteln, muß also nicht falsch sein. Man muß nicht immer nur mit schlechterer Sicht und geringeren Sichtweiten rechnen, sondern kann genauso gut und gern auch bessere Sicht und große Tragweiten in Rechnung stellen, wenn gleichzeitig die geographischen Gegebenheiten zutreffen.

Genauso wichtig ist aber, daß man ein Leuchtfeuer entsprechender Feuerhöhe tatsächlich erst in der Kimm aufblitzen sieht, wenn es auch eine angemessene Lichtstärke besitzt, die der auf der Seekarte angegebenen Nenntragweite entspricht. Auf die Beschränkungen der geographischen Sichtweite durch die Lichtverluste der meteorologischen Sichtweite muß dabei zusätzlich geachtet werden.

Abstand eines Feuers in der Kimm (Sichtweite)
in Seemeilen

Feuer-höhe in Meter	Augenhöhe in Meter											
	0	1	2	3	4	5	6	7	8	9	10	11
2	2,9	5,0	5,9	6,5	7,1	7,6	8,0	8,4	8,8	9,1	9,5	9,8
4	4,1	6,2	7,1	7,7	8,3	8,8	9,2	9,6	10,0	10,4	10,7	11,0
6	5,1	7,1	8,0	8,7	9,2	9,7	10,1	10,5	10,9	11,3	11,6	11,9
8	5,9	7,9	8,8	9,4	10,0	10,5	10,9	11,3	11,7	12,1	12,4	12,7
10	6,5	8,6	9,5	10,1	10,7	11,2	11,6	12,0	12,4	12,8	13,1	13,4
12	7,2	9,2	10,1	10,8	11,3	11,8	12,2	12,6	13,0	13,4	13,7	14,0
14	7,7	9,8	10,7	11,3	11,9	12,4	12,8	13,2	13,6	14,0	14,3	14,6
16	8,3	10,4	11,2	11,9	12,4	12,9	13,3	13,8	14,1	14,5	14,8	15,1
18	8,3	10,9	11,7	12,4	12,9	13,4	13,9	14,3	14,6	15,0	15,3	15,6
20	9,3	11,3	12,2	12,8	13,4	13,9	14,3	14,7	15,1	15,5	15,8	16,1
22	9,7	11,8	12,6	13,3	13,8	14,3	14,8	15,2	15,6	15,9	16,3	16,6
24	10,1	12,2	13,1	13,7	14,3	14,8	15,2	15,6	16,0	16,4	16,7	17,0
26	10,6	12,6	13,5	14,1	14,7	15,2	15,6	16,0	16,4	16,8	17,1	17,4
28	11,0	13,0	13,9	14,5	15,1	15,6	16,0	16,4	16,8	17,2	17,5	17,8
30	11,3	13,4	14,3	14,9	15,5	16,0	16,4	16,8	17,2	17,5	17,9	18,2
32	11,7	13,8	14,6	15,3	15,8	16,3	16,8	17,2	17,6	17,9	18,3	18,6
34	12,1	14,1	15,0	15,7	16,2	16,7	17,1	17,5	17,9	18,3	18,6	18,9
36	12,4	14,5	15,3	16,0	16,6	17,0	17,5	17,9	18,3	18,6	19,0	19,3
38	12,8	14,8	15,7	16,3	16,9	17,4	17,8	18,2	18,6	19,0	19,3	19,6
40	13,1	15,2	16,0	16,7	17,2	17,7	18,2	18,6	18,9	19,3	19,6	20,0
42	13,4	15,5	16,3	17,0	17,6	18,0	18,5	18,9	19,3	19,6	20,0	20,3
44	13,7	15,8	16,7	17,3	17,9	18,4	18,8	19,2	19,6	19,9	20,3	20,6
46	14,0	16,1	17,0	17,6	18,2	18,7	19,1	19,5	19,9	20,2	20,6	20,9
48	14,3	16,4	17,3	17,9	18,5	19,0	19,4	19,8	20,2	20,6	20,9	21,2
50	14,6	16,7	17,6	18,2	18,8	19,3	19,7	20,1	20,5	20,8	21,2	21,5
55	15,4	17,4	18,3	18,9	19,5	20,0	20,4	20,8	21,2	21,6	21,9	22,2
60	16,0	18,1	19,0	19,6	20,2	20,7	21,1	21,5	21,9	22,2	22,6	22,9
65	16,7	18,8	19,6	20,3	20,8	21,3	21,8	22,2	22,5	22,9	23,2	23,6
70	17,3	19,4	20,2	20,9	21,5	21,9	22,4	22,8	23,2	23,5	23,9	24,2
75	17,9	20,0	20,9	21,5	22,1	22,6	23,0	23,4	23,8	24,1	24,5	24,8
80	18,5	20,6	21,4	22,1	22,7	23,1	23,6	24,0	24,4	24,7	25,1	25,4
85	19,1	21,2	22,0	22,7	23,2	23,7	24,2	24,6	24,9	25,3	25,6	26,0
90	19,6	21,7	22,6	23,2	23,8	24,3	24,7	25,1	25,5	25,8	26,2	26,5
95	20,2	22,2	23,1	23,8	24,3	24,8	25,2	25,7	26,0	26,4	26,7	27,0
100	20,7	22,8	23,6	24,3	24,8	25,3	25,8	26,2	26,6	26,9	27,2	27,6
110	21,7	23,8	24,6	25,3	25,9	26,3	26,8	27,2	27,6	27,9	28,3	28,6
120	22,7	24,7	25,6	26,3	26,8	27,3	27,7	28,2	28,5	28,9	29,2	29,5
130	23,6	25,7	26,5	27,2	27,7	28,2	28,7	29,1	29,5	29,8	30,1	30,5
140	24,5	26,6	27,4	28,1	28,6	29,1	29,6	30,0	30,3	30,7	31,0	31,4
150	25,4	27,4	28,3	28,9	29,5	30,0	30,4	30,8	31,2	31,6	31,9	32,2
160	26,2	28,3	29,1	29,8	30,3	30,8	31,3	31,7	32,0	32,4	32,7	33,0
170	27,0	29,1	29,9	30,6	31,1	31,6	32,1	32,5	32,8	33,2	33,5	33,9
180	27,8	29,8	30,7	31,4	31,9	32,4	32,8	33,2	33,6	34,0	34,3	34,6
190	28,5	30,6	31,5	32,1	32,7	33,2	33,6	34,0	34,4	34,7	35,1	35,4
200	29,3	31,3	32,2	32,9	33,4	33,9	34,3	34,8	35,1	35,5	35,8	36,1

Abb. 101: Abstand von einem Feuer in der Kimm bei ausreichender meteorologischer Sichtweite.

Weiter bleibt gültig, daß sich alle diese Seekartenangaben auf eine Augenhöhe von 5 m beziehen und die entsprechende Nenntragweite für die Augenhöhe einer Yacht von etwa 2 m immer 10 Prozent geringer ist. Einen entsprechenden Seekartenwert von beispielsweise 18 sm muß man also auf 16,2 oder rund 16 sm reduzieren, und der Ausdruck muß bei „guter bis mäßiger Sicht" dementsprechend erst bei diesem und nicht bei dem auf der Seekarte genannten Abstand mit dem Suchen des Feuers beginnen.

Jedes Feuer grüßt uns ständig mit seiner Visitenkarte

Wenn wir am Tage einen Leuchtturm, eine Landmarke oder ein auffallendes Objekt peilen, geht der damit verbundenen Schiffsortbestimmung immer eine genaue und oft nicht einfache Identifizierung voran. Weder Bauwerke noch Hochufer haben immer so unverwechselbare Kennzeichen, daß sie auch dann noch richtig benannt werden können, wenn man sie nur im Dunst, aus nächster Nähe ohne typische Umgebung oder ohne charakteristische Küstenansichten ausmacht. Terrestrische Navigation bei Tage ist daher schwieriger, als ein Anfänger oft annimmt.

Dafür ist die terrestrische Navigation bei Nacht sehr viel einfacher, als allgemein befürchtet wird: Leuchtfeuer sind nicht nur sehr viel weiter auszumachen als Berge oder Bauten, sie reichen uns durch ihre Kennung auch ihre Visitenkarte mit gültiger Anschrift und genauem Standort viele Meilen weit in die dunkle Nacht und auf die weite See hinaus. Die international üblichen Lichterscheinungen, Kennungen und Wiederkehr sind im Schlußkapitel noch einmal der Vollständigkeit halber dargestellt. Sie sollen hier nicht weiter behandelt werden. Hat man die Kennung eines Feuers von See aus deutlich ausgemacht, dann muß die Wiederkehr ganz einfach mit „21 . . 22 . . 23 . ." ausgezählt werden. Einer Stoppuhr bedarf es dazu im allgemeinen nicht, weil die Visitenkarten der Feuer entlang einer Küste meistens so gewählt sind, daß einem Blitzfeuer ein Gleichtaktfeuer folgt, dessen Nachbar ein Funkelfeuer ist, an das wiederum ein unterbrochenes

174

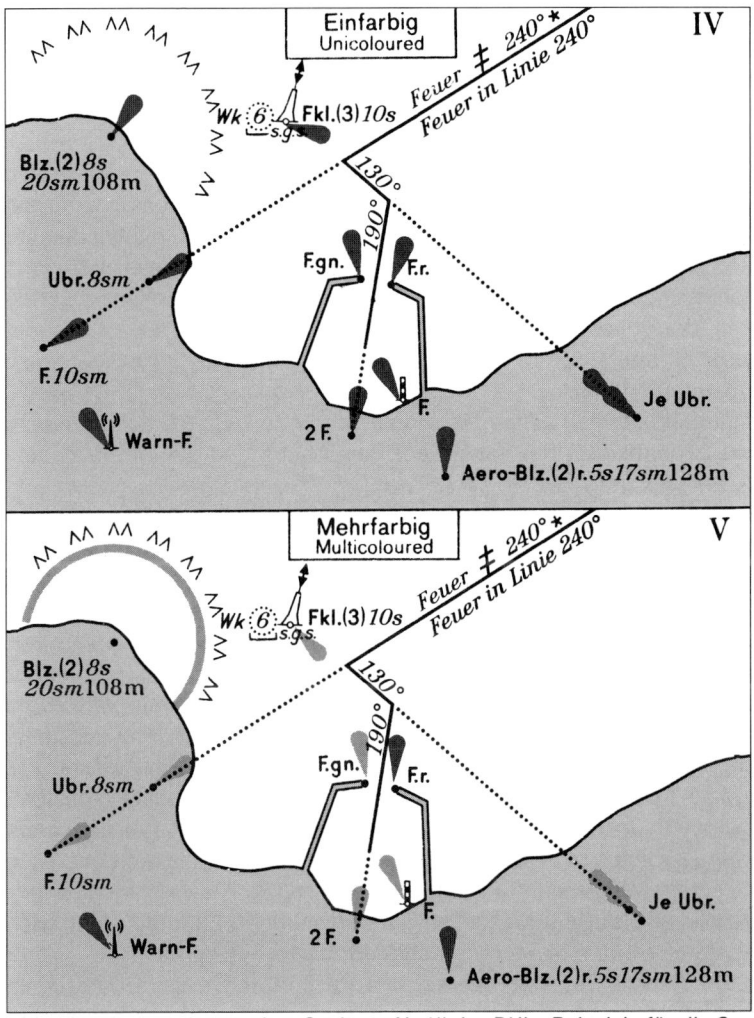

*Abb. 102: Ausschnitt aus der „Seekarte Nr. 1" des DHI, „Beispiele für die See-
kartendarstellung".*

Feuer anschließt, so daß bereits die „Taktkennung" (der typische Wechsel zwischen Licht und Verdunklung) zum Bestimmen ausreicht und man die Gruppenkennung (z. B. „Blitzgruppe 3" und die Wiederkehr (z. B. 20 Sekunden) nur als nützliche zusätzliche Bestätigung erhält.

Eine Stoppuhr kann man auch nur ablesen, wenn man ihr Zifferblatt beleuchtet – aber dadurch schränkt man die Nachtsehfähigkeit der Wache wieder ein. Auch aus diesem Grunde muß man die Wiederkehr und alle anderen Zeit-Zeichen eines Feuers schätzen. Aber diese Zeitschätzungen können bei einiger Übung doch erstaunlich genau erfolgen. Der übliche Fehler gegenüber einer Uhr liegt bei etwa 10%, einer wirklich tolerierbaren Fehlerquote, die für Yachtnavigation bei Nacht unbedeutend ist.

Zum Schluß noch einige Tips und Erfahrungen, die ich beim Umgang mit Leuchtfeuern bei Nacht gesammelt habe und die ich für beachtenswert halte:

• Im Gegensatz zu einem Positionslicht, dessen Sichtweite (vergleiche die entsprechenden Daten in der Tabelle Abb. 91) bei Nacht beträchtlich unter der optischen Sichtweite des Tages liegt, geht die Sichtweite der Leuchtfeuer (bei entsprechend ausreichender Lichtstärke) im allgemeinen über die Tagessichtigkeit von Gegenständen, Fahrzeugen und Hochufern an der Küste weit hinaus (Abb. 103). So ist beispielsweise ein Leuchtfeuer, das eine Nenntragweite von 20 sm hat, bei mäßigem Dunst bereits in einem Abstand von 8 sm auszumachen, wenn eine Sichtmarke bei Tage mit Nachtglas oder Auge nur bis etwa 3,5 sm zu erkennen ist, bei einem Abstand von 4 sm also unsichtbar bleibt. Insbesondere aus den unteren Reihen der Tabelle ersieht man deutlich, wie wertvoll ein Leuchtfeuer auch für die Sichtbarkeit in diesigem Wetter bei Tage ist bzw. wie nützlich es ist, in diesigem Wetter und auf der Suche nach dem richtigen Landfall nicht nach Küstenkonturen, sondern Leuchtfeuern Ausguck zu halten.

• Die Tabelle 103 zeigt weiter, wie nützlich es ist, das Durchsegeln einer größeren Distanz zwischen 100 und 200 sm gemäß der Wetterlage so zu planen, daß man seinen Landfall spätestens zwei Stunden

Sichtigkeit		Tragweite von Leuchtfeuern (mit Lichtstärke in cd)			
Bezeichnung	in sm	10 sm (1.400 cd)	15 sm (14.000 cd)	20 sm (110.000 cd)	25 sm (770.000 cd)
sehr gute Sicht	27	25	30	40	50
gute Sicht	13	10	15	20	25
mäßig gute Sicht	8	8	12	14	20
mäßiger Dunst	3,5	5	6	8	10
sehr starker Dunst	1,5	1,8	2,0	2,5	3
leichter Nebel	0,4	1	1,2	1,4	1,6
dichter Nebel	0,1	0,2	0,3	0,3	0,3

Abb. 103: Die Tragweite von Leuchtfeuern unter den unterschiedlichen Licht-verhältnissen bei Nacht im Vergleich zur entsprechenden Sichtigkeit bei Tage.

vor Sonnenaufgang und somit eine gute Stunde vor Dämmerungsbe-ginn macht: Man würde dann ein Leuchtfeuer mit einer Nenntragweite von 25 sm selbst bei mäßig guter Sicht bereits 20 sm vor der Küste ausmachen können, so lange es noch dunkel ist. Dementsprechend könnte man (bei diesigem Wetter) die gepeilte Standlinie als Kurslinie benutzen und eine entsprechende Kurskorrektur ohne Schwierigkei-ten vornehmen, um diesen Zielpunkt anzusteuern. Mit zunehmendem Licht würde das Feuer untergehen, ohne daß man die Küstenkonturen erkennen kann, und unser Boot wird – je nach der Fahrt unter Segel oder Motor – noch ungefähr 3 Stunden laufen müssen, ehe es unter den gleichen Bedingungen meteorologischer Sichtweite (die hier 8 sm beträgt) einen Landfall nach optischen Landmarken machen könnte. Im Falle einer vorhergegangenen Sichtung eines Feuers ist die Ortsbestimmung dann nicht schwierig; denn der richtige Standort ist dem Navigator ja bereits bekannt; er muß nur noch einmal über-prüft und gegebenenfalls präzisiert werden.

Ohne diese Sichtung eines Leuchtfeuers bei Dämmerungsbeginn wäre die Yacht noch diese 3 Stunden ohne Schiffsortkontrolle und mit unsicherem Koppelkurs weitergelaufen, und sie hätte die Küstenkon-tur in mäßigem Dunst sehr viel schwieriger beurteilen und die für sorgfältige Navigation wichtigen Landmarken mit viel mehr Mühe identifizieren müssen.

• Wie die unterschiedlichen Distanzangaben der Nenntragweite für verschiedenfarbige Lichterscheinungen eines Feuers in einer See-karte zeigen, sind rote, grüne und weiße Feuer im allgemeinen nicht gleich weit sichtbar. Der Grund hierfür sind die Farbscheiben unter-schiedlicher Lichtdurchlässigkeit, die den roten und grünen Sektor des weißen Lichtes entsprechend färben. So können grüne Lichter schon verschwunden sein, während man rote und weiße noch gut erkennen kann. Und schließlich können auch die roten Lichter ver-schwunden sein, so daß man nur noch das weiße Licht allein erkennen kann. Bewegt man sich am Rande der Tragweite des Feuers bei den gegebenen Sichtverhältnissen, so kann man plötzlich und unvermit-telt im weißen Sektor stehen, ohne das farbige Feuer ausgemacht zu haben.

• Auf große Entfernung und bei unsichtigem Wetter können häufig die weißen und zuweilen sogar auch die grünen Feuer rötlich schim-mern, so daß man sie auch für rote Feuer halten kann.

• Auf große Entfernung läßt sich die Dauer eines Lichtscheins und insbesondere eines Blinks schlechter auszählen. Die Zeitdauer kann kürzer erscheinen, als es bei der Lichterscheinung des Leuchtfeuers auf der Seekarte oder im Leuchtfeuerverzeichnis angegeben ist.

• Ein Blink- oder Blitzfeuer sieht man im allgemeinen weiter als ein Festfeuer, auch wenn für alle die gleiche Nenntragweite angegeben ist. Blinke und Blitze scheinen nicht nur lichtstärker zu sein, sie fallen auch durch den Kontrast beim wiederholten Aufleuchten besser auf.

• Man denke immer daran, daß man bei Nacht ein Licht weiter sehen kann als einen Gegenstand bei Tage. Auch bei sehr plötzlichem Auf-leuchten eines Dampferlichtes (oder eines Feuers) hat man beispiels-weise in starkem Dunst immer noch ungefähr die doppelte Zeit zum Reagieren, als für ein entsprechendes Manöver am Tage zur Verfü-gung stünde.

• Diese unter gleichen meteorologischen Bedingungen unterschied-liche Sichtweite bei Tage und bei Nacht ist auch der Grund dafür, warum nach Dämmerungsbeginn ganz plötzlich die Lichter von Fahrzeugen in Sicht kommen, deren Schiffsrümpfe in der Tageshelligkeit nicht auszumachen waren. Ein solches Erlebnis hatte ich beispielsweise bei einer Nordseefahrt mit leichtem Nebel über die Doggerbank, bei der die Crew ihren Skipper vor Beginn der Nachtwache etwas länger in die Dunkelheit hineinschlafen lassen wollte: Sie weckte ihn, als unser Boot rundherum von Fischereifahrzeugen umstellt schien, deren Lichter mit zunehmender Dämmerung deutlicher sichtbar wurden (siehe Abb. 91 für 6-sm-Lichter und Tagessicht bei leichtem Nebel). Bei Tageslicht konnte der Ausguck sie noch nicht entdecken. Das Fazit daraus: Der Skipper gehört bei Dämmerungsbeginn auf die Brücke, wie es an anderer Stelle ausführlich beschrieben ist.

• Bei leichtem bis mittlerem Wind und geringem Seegang und insbesondere bei zunehmendem Dunst empfiehlt es sich, vor Beginn der Nacht die meteorologische Sichtweite mit Hilfe von Sichtmarken von Bord aus festzustellen, wenn für diesen Zweck Seezeichen nicht in Sicht sind: Man knüllt eine Zeitung zu einem ausreichend großen Papierball zusammen und wirft diesen ins Kielwasser. Dann stoppt man die Zeit oder mißt den Abstand mit dem Log, bis diese Sichtmarke nicht mehr auszumachen ist. Aus der somit gewonnenen meteorologischen Sichtweite ergibt sich dann die Sichtigkeit, beispielsweise bei einer gemessenen Sichtentfernung von 1,4 sm „starker Dunst" oder Sichtigkeitsgrad 5 (siehe Abb. 100). Man erhält dann einen wichtigen Anhaltspunkt, mit welchem Tragweitenbereich man bei der aus der Seekarte ersichtlichen Nenntragweite unter den gegebenen Sichtverhältnissen rechnen kann, d. h. wann die jeweils zu sichtenden Feuer tatsächlich in Sicht kommen (vgl. Tabelle 103), – aber auch, wie weit die Positionslaternen unter diesen Bedingungen ihr Licht tatsächlich in die dunstige Dunkelheit hinausschicken (siehe Abb. 91).

• Bei Leuchttonnen, die im Strom oder im Seegang schlingern, läßt sich die Lichterscheinung oft schwer ausmachen. Manchmal kann die Kennung vollkommen verändert erscheinen. Man muß dann entweder die entsprechende Tonne länger beobachten oder näher an sie heranlaufen, um sie sicher zu identifizieren.

• Die Tragweite von Leuchttonnen kann auch durch Verschmutzung der Laterne herabgesetzt sein. Diese Gefahr verminderter Sicht besteht besonders bei Tonnen, die bereits sehr lange ausliegen. Kann man zur Orientierung im Revier auf eine solche Tonne nicht verzichten, muß man sie näher anlaufen.

• Bei der Beurteilung der meteorologischen Bedingungen einer Nachtfahrt beachte man auch, daß auf der Suche nach einem Leuchtfeuer, das nicht in Sicht kommt, im Umfeld des Feuers selbst, d. h. an der Küste, ganz andere Bedingungen herrschen können als auf der hohen See. Insbesondere bei einer Hochdruck-Wetterlage, die oft von thermischen Winden begleitet ist, segelt man auf See unter einem sternklaren Himmel mit ,,sehr guter Sicht'' auf der freien See. Unter der Küste aber kann gleichzeitig ,,starker Dunst'' liegen, der den Lichtschein eines Leuchtfeuers schon nach einer guten Meile wie in einem Wattebausch auffängt. Auch diese Möglichkeit muß man in Rechnung stellen, wenn man bereits in relativ kurzer Entfernung von der Küste ein Feuer einfach nicht entdecken kann.

Radarreflektoren als Vorbeugung gegen Gefahrensituationen bei Nacht

Eine ausführliche Behandlung hierüber finden Sie in meinem Buch ,,Notfälle an Bord – was tun?'' (Kleine Yachtbücherei, Band 72) Seiten 323–328.

Radarberatung bei Nacht und Nebel

In Verbindung mit einem UKW-Seefunkgerät hat ein Radarreflektor noch einen anderen, gewichtigen Vorteil: Weil er den Radargeräten an den Leitstrecken, die von See aus in Flußmündungen oder Buchten hineinführen und in den entsprechenden Häfen enden, als ausreichend großes Ziel dient, kann man sich gegebenenfalls auch einer Radarleitstelle zum Einlaufen anvertrauen. Die Radarberatung gehört zum Revierfunkdienst, der im Band IV des ,,Nautischen Funkdienstes'' für alle entsprechenden Küsten- und Hafenreviere der Welt verzeichnet ist.

Man bittet um eine Radarberatung, indem man auf dem im Handbuch angegebenen UKW-Kanal den hier verzeichneten Ruf, beispielsweise: „Radar Scheveningen" aussendet und nach Herstellung der Verbindung Größe und Tiefgang seines Schiffes, die erreichte Position und das Ziel seiner Fahrt angibt. Beim Weiterlaufen erhält man dann laufend die jeweilige neue Position, ausgedrückt als Abweichung (in m) von der aus der Seekarte ersichtlichen Radarlinie. Außerdem erhält man Informationen über die allgemeine Verkehrslage und andere Fahrzeuge, die auf dem gleichen Revier mitlaufen oder entgegenkommen. Der Radarbereich erstreckt sich oft etwa 10 sm weit ins Küstenvorfeld hinaus, so daß eine Yacht schon frühzeitig eine Radarleitung zum Einlaufen in ein enges, stark befahrenes Gebiet bei dunklem, unsichtigem Wetter erbitten kann.

Ich habe eine solche Radarberatung erstmalig im Sommer 1979 beim Einlaufen in den Hafen Halifax an der kanadischen Ostküste in Anspruch genommen, als wir mit unserem 9 m langen Seekreuzer „Cormoran II" nach Mitternacht in dem weitflächigen Fjordgebiet nicht den (in der Seekarte nicht verzeichneten) Yachthafen und bei starkem Tidenhub auch keinen geeigneten Liegeplatz für ein so kleines Boot fanden. Die Radarberater haben uns nicht nur sicher an einen optimalen Platz gelotst, sie haben uns bei dem fortlaufenden UKW-Kontakt auch beispielhaft demonstriert, wie genau sie uns in der dunklen, diesigen Nacht in ihrer fernen Leitstelle im Griff hatten. Denn sie erzählten uns genauer, an welchen Schiffen, Wasserbauwerken, Bojen oder anderen Hafeneinrichtungen wir bei dieser „Blindfahrt" vorbeiliefen, als wir es mit dem Auge oder mit dem Glas erkennen konnten.

Art des Anrufes, Frequenz des UKW-Kanals, Grenzen des Beratungsgebietes und die Dienstzeit der Radarlotsen entnehme man für den jeweiligen Hafen dem „Nautischen Funkdienst", Band IV, Revierfunk. Ich beschreibe dieses Erlebnis auch in meinem Buch „Wale, Wikinger und wir".

Anhang

Nachtfahrtbegriffe aus dem internationalen Seezeichen-Wörterbuch der International Association of Lighthouse Authorities (IALA)

Hier werden die nicht nur in diesem Buche, sondern in der einschlägigen nautischen Fachlitertaur in Zusammenhang mit der Nachtfahrt benutzten Begriffe, die auch in den vorangegangenen Kapiteln vorkommen, noch einmal definiert. Gleichzeitig werden die englischen Fachwörter neben den deutschen Fachausdrücken genannt. Die Begriffe sind in einzelnen Abschnitten zusammengefaßt und erscheinen hier nicht in alphabetischer Reihenfolge, sondern in der Rangfolge ihres logisch-wissenschaftlichen Verständnisses.

Licht und Sehen

Licht, das *(light)* Merkmal aller Wahrnehmungen und Empfindungen, die dem → Sehorgan eigentümlich sind und durch das Sehorgan vermittelt werden.

sichtbare Lichtstrahlung, die *(light; e: visible radiation; a: visible radiant energy)* Eine Strahlung, die unmittelbar eine Gesichtsempfindung hervorzurufen vermag. Die Grenzen des Spektralbereiches der sichtbaren Strahlung können je nach dem Beobachter schwanken. Die untere Grenze wird allgemein zwischen 380 und 400 nm, die obere Grenze zwischen 760 und 780 nm angenommen. 1 Nanometer (nm) = 10^{-9} m = 1 Millimy (mμ)

Candela, die *(candela)* Einheit der Lichtstärke nach dem Internationalen Einheitensystem. Die Lichtstärke, mit der 1/600 000 Quadratmeter der Oberfläche eines schwarzen Strahlers bei der Temperatur des

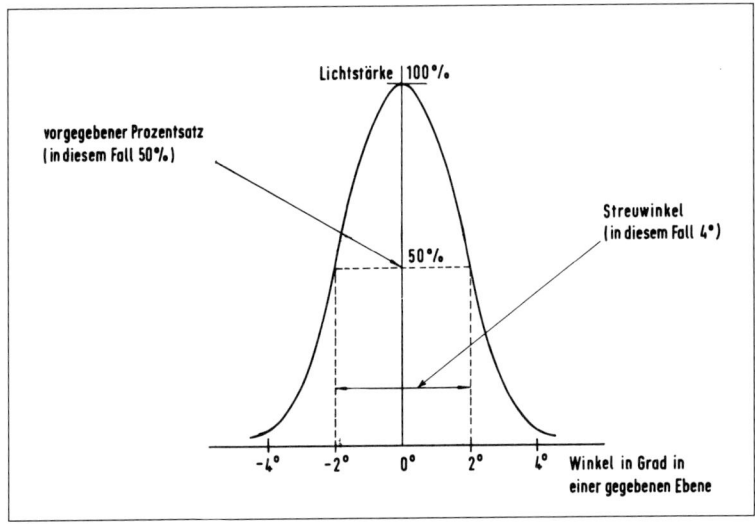

Abb. 104: Streuwinkel

beim Druck von 101 325 Newtons je Quadratmeter erstarrenden Platins senkrecht zu seiner Oberfläche leuchtet. Symbol: cd

Lichtstrahl, der *(luminous ray)* Weg des Lichtes, der in einem homogenen Medium durch eine gerade Linie oder in einem nicht homogenen Medium durch eine gekrümmte Linie dargestellt werden kann.

Lichtbündel, das *(luminous beam)* Gruppe von Lichtstrahlen, die von einem optischen Gerät ausgestrahlt werden.

Streuwinkel, der *(angle of divergence)* Winkel, der durch zwei Strahlen eines → Lichtbündels in einer definierten Ebene entweder vertikal (Vertikalstreuung) oder horizontal (Horizontalstreuung) gebildet wird. Innerhalb dieses Winkels ist die Lichtstärke gleich oder entspricht einem vorgegebenen Prozentsatz (z. B. 10%, 15% oder 50%) vom Maximum der Lichtstärkeverteilungskurve in dieser Ebene (Abb. 104).

geographische Sichtweite, die *(geographical range)* Größte Entfernung, aus der das Feuer eines Leuchtturmes oder eines anderen

Licht- oder Seezeichens unter Berücksichtigung der Erdkrümmung und der Strahlenbrechung in der Atmosphäre gerade noch gesehen werden kann. Sie hängt von der Höhe des Seezeichens und der Augenhöhe des Beobachters ab (Abb. 105).

Tragweite (eines Feuers), die *(luminous range of a light)* Größte Entfernung, aus der ein Feuer gesehen werden kann. Sie wird durch die Lichtstärke des Feuers (→ Candela), den atmosphärischen Durchlässigkeitsfaktor (→ Sichtwert) und die → Schwellenbeleuchtungsstärke am Beobachterauge bestimmt.

Nenntragweite (eines Feuers), die *(nominal range of a light)* Tragweite eines Feuers in homogener Atmosphäre bei einer → meteorologischen Sichtweite von 10 sm.

Sichtwert; atmosphärischer Durchlässigkeitsfaktor; Transmissionsfaktor *(e. atmospheric transmission factor; a. atmospheric transmissivity)* Eine die Lichtdurchlässigkeit der Atmosphäre beschreibende Größe. Sie ist das Verhältnis des von der Atmosphäre für einen bestimmten Abstand durchgelassenen, in seiner Richtung unveränderten Lichtstroms zu dem im Vakuum in dem gleichen Abstand durchgelassenen Lichtstrom. Sie wird auf die Längeneinheit Kilometer oder Seemeilen bezogen.

Sicht, die *(visibility)* Die Eigenschaft der Atmosphäre, die es einem Beobachter ermöglicht, markante Gegenstände am Tage oder Leucht-

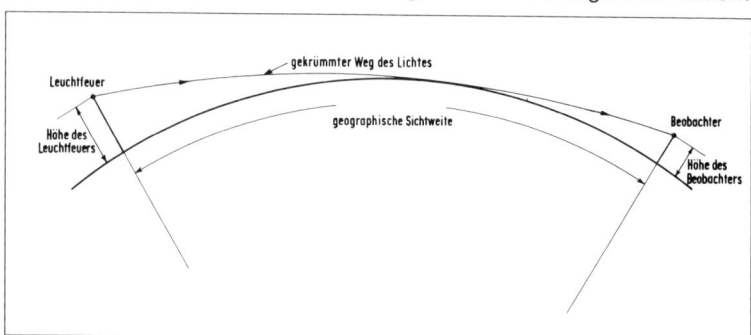

Abb. 105: Geographische Sichtweite

feuer oder beleuchtete Gegenstände bei Nacht zu erkennen. Das Maß dieser Eigenschaft wird in Längeneinheiten (Seemeilen, Kilometer, Meter) angegeben.

meteorologische Sichtweite, die *(meteorological visibility)* Größter Abstand (in horizontaler Richtung), aus dem am Tage ein dunkler Gegenstand geeigneter Abmessung gegen den Horizonthimmel gerade gesehen und erkannt werden kann oder bei Nachtbeobachtungen dann gerade gesehen und erkannt werden könnte, wenn die allgemeine Beleuchtung das normale Tageslichtniveau erreichen würde.

Sichtweite, die *(visual range)* Größter Abstand (in horizontaler Richtung), aus dem ein bestimmtes Objekt am Tage unter allen möglichen Bedingungen gesehen werden kann, soweit dies die → atmosphärische Durchlässigkeit zuläßt. Bei diesem Abstand wird der → Kontrast zwischen dem Objekt und seinem Hintergrund durch die Atmosphäre bis zur → Kontrastschwelle des Beobachters geschwächt. Mitunter sinngemäß für → Sicht verwendet.

Kontrast, der (zwischen einem Gegenstand und seinem Hintergrund) *(luminance contrast)* Der subjektive Eindruck, den ein Leuchtdichteunterschied zwischen einem Gegenstand und seinem Hintergrund hervorruft.

Kontrastschwelle, die; Schwellenkontrast, der *(luminance contrast treshold)* Der kleinste Kontrast, den ein Beobachter erkennen kann. Die Kontrastschwelle ist für die einzelnen Beobachter verschieden. Sie bestimmt die Sehfähigkeit auf See sowohl bei Tage als auch in der Nacht, doch läßt sie sich bei längerem → Sehen verbessern.

Sehen, das; Gesichtswahrnehmung, die *(vision, visual perception)* Die Aufnahme des Lichtes durch das Auge und die Auswertung der im Licht enthaltenen Information.

Sehorgan, das *(organ of vision; visual organ)* Die aus Auge, Sehnerv und Gehirnteilen bestehende Gesamtheit von Organen, die der Umwandlung des Lichtreizes in jene komplexen Nervenerregungen dienen, die den Wahrnehmungen als subjektivem Korrelat entsprechen.

Adaptation, die *(adaptation)* Vorgang der Anpassung des Sehorgans an Leuchtdichten und Farbreize im Sehraum und Endzustand dieses Prozesses. Im besonderen spricht man von Helladaptation oder Dunkeladaptation, je nachdem die Anpassung an Helligkeit oder Dunkelheit erfolgt.

Tagessehen, das *(photopic vision)* Das Sehen, dem das normale Auge unterworfen ist, wenn es an die Tagesverhältnisse adaptiert ist. Dabei werden die → Zapfen der → Netzhaut als die unter diesen Bedingungen hauptsächlich beteiligten Elemente angesehen. Das Spektrum erscheint farbig.

Nachtsehen, das *(scotopic vision)* Das Sehen, dem das normale Auge unterworfen ist, wenn es an die Verhältnisse der Dunkelheit adaptiert ist. Unter diesen Bedingungen werden die → Stäbchen der → Netzhaut als die hauptsächlich beteiligten Elemente angesehen. Das Spektrum erscheint nicht farbig, und die maximale Hellempfindlichkeit ist zu einer kürzeren Wellenlänge als beim Tagessehen verschoben.

Dämmerungssehen, das *(mesopic vision)* Das Sehen im Zwischengebiet zwischen → Tagessehen und → Nachtsehen.

Punktsehen, das (für eine Lichtquelle) *(point vision of a light source)* Besondere Art des Sehens, die bei einer Umfeldleuchtdichte von weniger als etwa 0,1 Candela je Quadratmeter auftritt, also bei Dunkelheit.

Netzhaut, die *(retina)* Lichtempfindliche Membran des Auges, die aus den eigentlichen Lichtempfängern (→ Zapfen und → Stäbchen) und Nervenzellen besteht, welche deren Erregung den Sehnerven zuleiten.

Zapfen, die *(cones)* Besondere lichtempfindliche Elemente der → Netzhaut, durch die mutmaßlich in erster Linie Licht- und Farbensehen bei hell → adaptiertem Auge vermittelt wird (siehe → Tagessehen).

Stäbchen, die *(rods)* Besondere lichtempfindliche Elemente der → Netzhaut, die mutmaßlich in erster Linie das Sehen mit dunkel → adaptiertem Auge vermitteln. Die Stäbchen tragen wahrscheinlich nicht zum Farbensehen bei, sind jedoch die Hauptbeteiligten beim → Nachtsehen.

Blendung, die *(glare)* Sehzustand, der durch ungünstige Leuchtdichte als unangenehm empfunden wird oder eine Herabsetzung der Sehfunktionen zur Folge hat. Blendung kann direkt oder indirekt erfolgen.

Farbton, der *(hue)* Eigenschaft einer Gesichtsempfindung, die die Bezeichnung der Farbe wie blau, grün, gelb, rot usw. entstehen läßt.

weiß *(white)* Eine Farbe, die keinen unterscheidbaren → Farbton hat.

rot *(red)* Im allgemeinen der → Farbton jeder monochromatischen Strahlung im Spektrum der → sichtbaren Lichtstrahlung bei Wellenlängen größer als etwa 610 Nanometer bei → Tagessehen.

grün *(green)* Im allgemeinen der Farbton jener monochromatischen Strahlung im Spektrum der → sichtbaren Lichtstrahlung bei Wellenlängen zwischen etwa 495 und 550 Nanometer bei → Tagessehen.

Optische Mittel

Linse, die *(lense)* Durchsichtiges, optisch brechendes Element aus Glas oder Kunststoff mit kugelförmigen oder rotationssymmetrischen Oberflächen. Eine Linse hat einen → Brennpunkt.

Brennpunkt, der (einer Optik) *(optical focus)* Punkt auf der Seite einer Optik, in dem sich parallel zur Achse in die Optik einfallende Strahlen vereinigen oder von dem sie nach Brechung oder Reflexion durch die Optik auszugehen scheinen.

Gürtellinse, die *(fixed lense)* Eine → Linse, die aus einem Gürtel mit linsenförmigem Querschnitt und einer Anzahl unmittelbar darüber und darunter dicht anschließender Ringe mit Prismenquerschnitt besteht. Eine Gürtellinse braucht nicht bis zu 360° ausgebaut zu sein, sondern kann auf einen Sektor begrenzt sein.

Fresnel-Profil einer Linse oder Gürtellinse, das *(Fresnel profile of a lens or fixed lens)* Stufenförmiges Linsenprofil, das aus dioptrischen und katadioptrischen Elementen besteht, wobei die dioptrischen Teile in Richtung zum Brennpunkt eine gerade Fläche haben (Abb. 106).

Abb. 106: Fresnel-Profil einer Gürtellinse

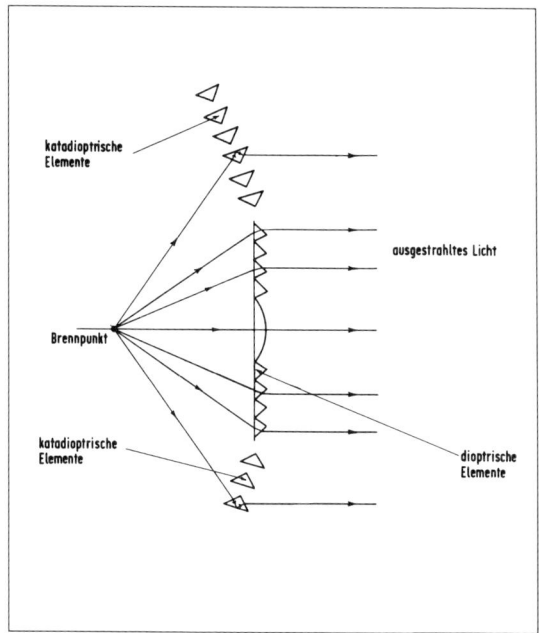

Fresnel-Linse, die *(Fresnel lens)* Gürtellinse, die durch Rotation eines Fresnel-Profils um die Achse einer Gürtellinie entsteht (Abb. 107).

Farbfilter, das *(colour filter)* Selektivfilter aus Glas oder Kunststoff, das die Farbe des durchgelassenen → Lichtes ändert.

Prisma, das *(prism)* Ein durchsichtiges, optisches Element, meistens aus Glas oder Kunststoff, das von mindestens zwei sich schneidenden Ebenen begrenzt wird, die eine Schnittkante (brechende Kante) bilden. Auf ein Prisma fallende Lichtstrahlen werden infolge von Brechung und Totalreflexion aus ihrer ursprünglichen Richtung abgelenkt (Abb. 108). In der Leuchtfeuer-Praxis wird der Begriff „Prisma" auch weitläufig für dioptische oder katadioptrische Ringe benutzt.

Abb. 107: Fresnel-linse

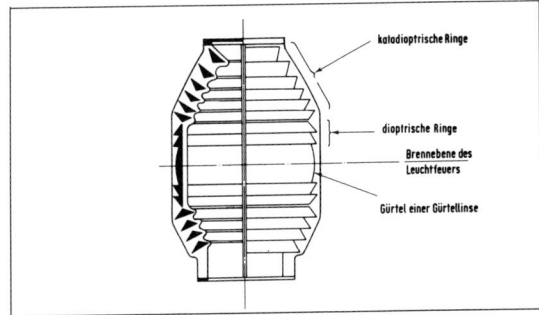

Abb 108: Brechung der Lichtstrahlen in einem Prisma

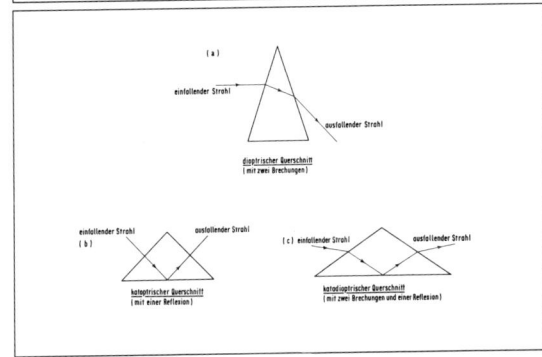

Lichtquellen

Lampe, die *(lamp)*   Technische Ausführungsform von künstlichen Lichtquellen.

Petroleumlampe, die *(paraffin vapour lamp; paraffin vapour burner)* Eine Lampe, die aus einem Brennstoffbehälter für Petroleum und einem Docht besteht, der zum Erzeugen einer Flamme dient (Abb. 109).

(elektrische) Glühlampe, die *(incandescent electric lamp)*   Eine → Lampe, bei der das Licht von einem durch elektrischen Strom erhitzten Körper ausgestrahlt wird (Abb. 110). Man unterscheidet Koh-

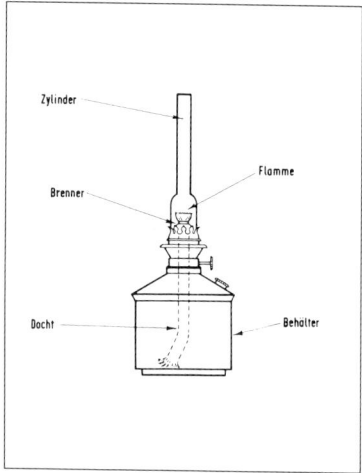

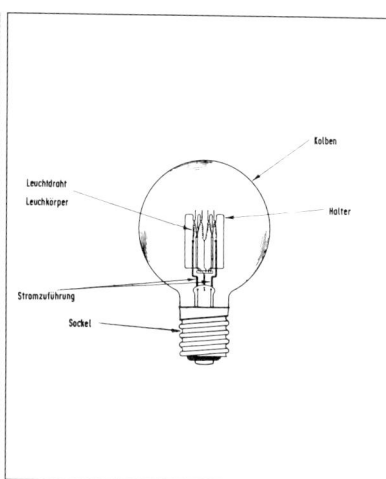

Abb. 109: Petroleumlampe   *Abb. 110: Elektrische Glühlampe*

lefadenlampe, Metalldrahtlampe, Einfachwendellampe und Doppel-
wendellampe.

Halogen-Glühlampe, die *(Tungsten-Halogen lamp)* Gasgefüllte
Glühlampe, die einen bestimmten Anteil an Halogen enthält, in der in
einem chemischen Kreisprozeß die Kolbenschwärzung dadurch vermindert wird, daß verdampftes Wolfram zum Leuchtkörper zurück
transportiert wird. Die Abmessungen dieser Lampe sind gegenüber
denen vergleichbarer Glühlampen sehr klein, Die Quarz-Jod-Glüh-
lampe gehört zu dieser Art von Lampen.

Laterne, die *(lantern)* Verglastes Gehäuse meistens zylindrischer
oder vieleckiger Form, das die Optik eines Leuchtturms, eines Feuer-
schiffes oder einer Leuchttonne umgibt und schützt (Abb. 111).

Kennungsgeber für Leuchtfeuer, der *(flasher)* Eine Vorrichtung,
welche die einer Lichtquelle zugeführte Energie (in Form von Brenn-
stoffen oder Elektrizität) eines → Taktfeuers so unterbricht, daß die

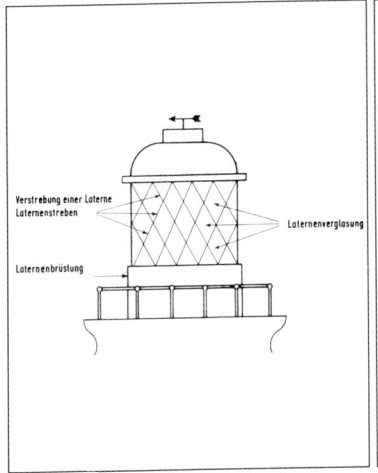

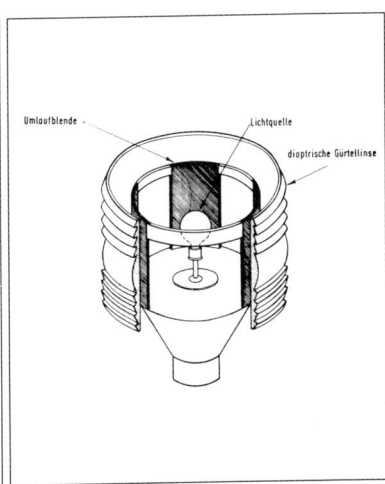

Abb. 111: Laterne   *Abb. 112: Blende eines Leuchtfeuers*

gewünschte → Kennung entsteht. Ein Kennungsgeber ist eine Art Coder.

Blende, die; Schirm, der *(screen, e. blanking screen, a. shield)* Lichtundurchlässiger Körper zum Verdunkeln eines Feuers. Die Abb. 112 zeigt eine Umlaufblende.

Schaltuhr, die *(time switch)* Durch eine Uhr gesteuerte Vorrichtung, die zu bestimmten Zeiten ein Feuer einschaltet (zündet) oder ausschaltet (löscht).

Sonnenventil, das *(light valve, sun valve)* Durch Tageslicht gesteuerte Vorrichtung, die ein mit Gas betriebenes Feuer im allgemeinen bei Sonnenuntergang automatisch zündet oder bei Sonnenaufgang automatisch löscht.

Dämmerungsschalter, der *(daylight control)* Durch Tageslicht gesteuerte Vorrichtung, die ein elektrisch betriebenes Feuer bei Sonnenuntergang automatisch ein- und bei Sonnenaufgang ausschaltet.

191

Arten und Kennungen von Leuchtfeuern

Leuchtfeuer, Feuer, das *(light)* Eine Anlage, deren mit bestimmter → Kennung ausgestrahltes Licht bei Nacht und unter bestimmten Bedingungen auch am Tage als Seezeichen dient.

Leuchtturm, der *(light, lighthouse, light beacon)* Eine Anlage, die aus Feuer, Zubehör und Unterbau (Feuerträger) besteht, ein Licht bestimmter → Kennung ausstrahlt und einen definierten geographischen Ort als Navigationshilfe markiert.

Kennung von Leuchtfeuern, die *(character of navigation light; characteristic)* Der ein Leuchtfeuer kennzeichnende Verlauf seiner Lichterscheinungen: Zeitliche Änderungen oder Farbänderungen bzw. beide.

Festfeuer, das *(fixed light)* Ein Feuer, dessen Licht einem Beobachter, der seinen Standort zum Feuer nicht verändert, ununterbrochen und gleichmäßig erscheint. (Abb. 113).

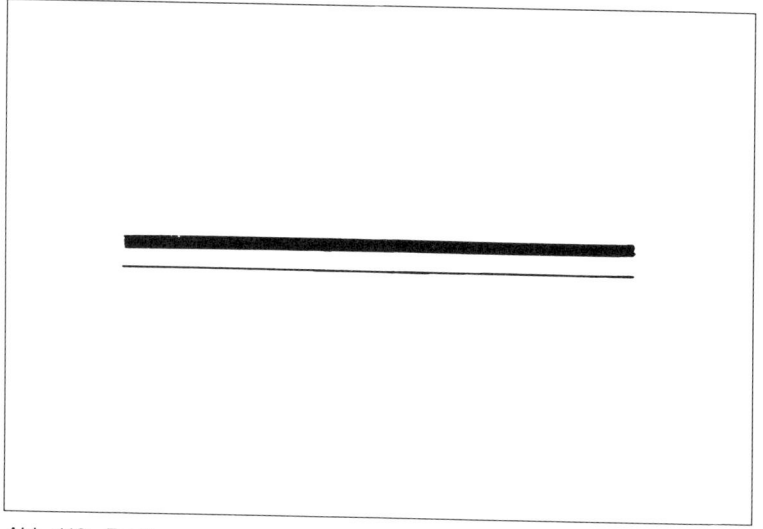

Abb. 113: Festfeuer

Taktfeuer, das *(rhythmic light)* Ein in kennzeichnendem Rhythmus aufleuchtendes Feuer mit regelmäßiger → Wiederkehr.

Wiederkehr eines Taktfeuers, die *(period of a rhythmic light)* Zeit vom Eintritt einer bestimmten Taktkennung bis zum Wiedereintritt der nächsten gleichen Taktkennung (Abb. 114).

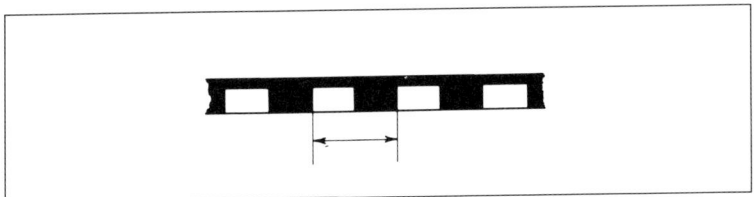

Abb. 114: Wiederkehr eines Taktfeuers

Lichterscheinungen der Leuchtfeuer, die *(appearance of light)* Lichterscheinungen definierter Dauer zwischen zwei Verdunkelungen. Sie werden in Deutschland und einigen anderen Ländern entsprechend ihrer Dauer eingeteilt in

a) Blitz: Lichterscheinung von höchstens 1 sec Dauer aus einer im Verhältnis zur Lichterscheinung langen Dunkelheit.

b) Blink: Lichterscheinung von mindestens 2 sec Dauer und einer im Verhältnis zur Lichterscheinung langen Dunkelheit.

c) Schein: Lichterscheinung zwischen zwei Verdunklungen, wobei die Verdunklung höchstens die Dauer der Lichterscheinung haben darf.

Im Englischen werden ,,Blitze" und ,,Blinke" nicht unterschieden, sondern einheitlich als ,,flashes" bezeichnet.

Blitz, der *(flash)* Eine im Verhältnis zur längsten Verdunklung relativ kurze Lichterscheinung der gleichen Kennung.

Verdunklung, die *(eclipse)* Dunkelheit zwischen Lichterscheinungen.

Unterbrechung, die *(occultation)* Eine im Verhältnis zur längsten Lichterscheinung der gleichen Kennung relativ kurze Dunkelheit.

193

Blitzfeuer mit Einzelblitzen, das *(single-flashing light)* Ein Feuer, das nur einzelne → Blitze erzeugt, die sich in regelmäßigen Zeitabständen wiederholen (Abb. 115).

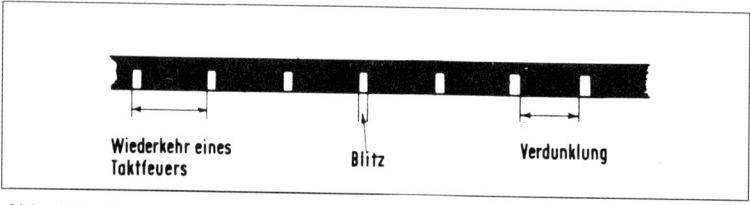

Abb. 115: Blitzfeuer mit Einzelblitzen

Blitzfeuer mit Gruppen, das *(group-flashing light)* Ein → Feuer, bei dem die → Blitze zu Gruppen zusammengefaßt sind, wobei jede Gruppe die gleiche Anzahl von Blitzen enthält, und bei dem sich die Gruppen in regelmäßigen Zeitabständen wiederholen. Die Verdunklungen trennen die Blitze innerhalb jeder Gruppe und sind von gleicher Dauer, aber eindeutig kürzer als die Verdunklungen zwischen zwei aufeinanderfolgenden Gruppen (Abb. 116).

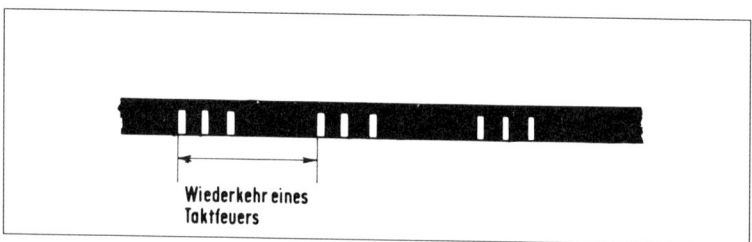

Abb. 116: Blitzfeuer mit Gruppen

Gleichtaktfeuer, das *(isophase light; equal-interval light)* Ein → Taktfeuer, bei dem aufeinanderfolgende Lichterscheinungen und Verdunklungen jeweils gleiche Dauer haben (s. Abb. 114).

194

Unterbrochenes Feuer, das *(occulting light)* Ein → Feuer, bei dem die Gesamtdauer der Lichterscheinungen innerhalb jeder → Wiederkehr eindeutig länger ist als die Gesamtdauer der Verdunklungen und bei dem die Verdunklungen alle von gleicher Dauer sind (Abb. 117).

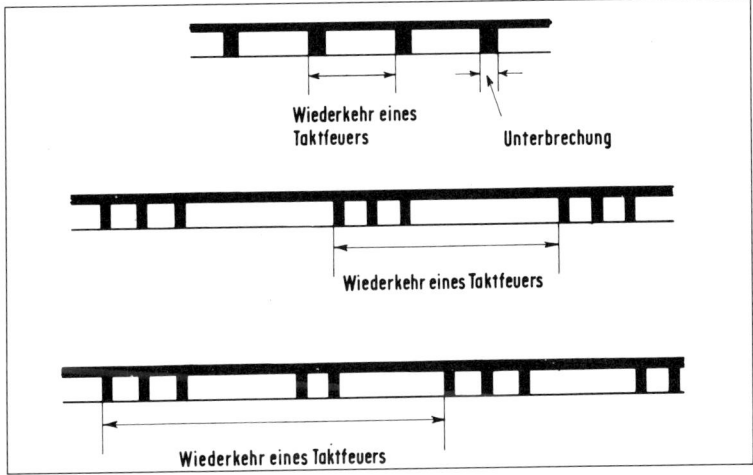

Abb. 117: Unterbrochenes Feuer

Funkelfeuer, das *(quick-flashing light)* Ein → Feuer, das sehr schnelle regelmäßige Wechsel von Lichterscheinungen und Verdunklungen zeigt (Abb. 118).

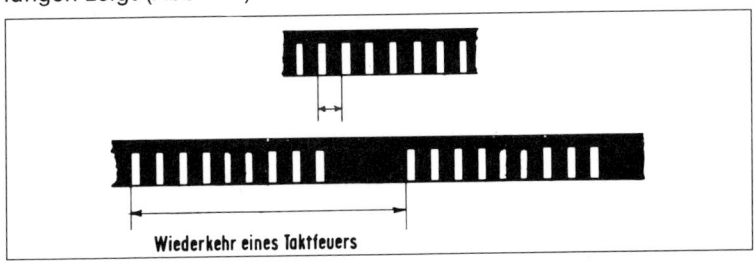

Abb. 118: Funkelfeuer

195

Ein einfaches Funkelfeuer zeigt 60 Blitze in der Minute. Beim schnellen Funkeln werden 100–120 Blitze in der Minute ausgestrahlt.

Sektorfeuer, das *(sector light)* Ein Feuer, das unterschiedliche → Kennungen (meistens unterschiedliche Farben) über die verschiedenen Teile des Horizonts zeigt, die für die Navigation von Bedeutung sind.

unsicherer Winkel, der *(angle of uncertainty)* Der horizontale Winkel bei einem → Sektorfeuer, der an den Grenzen des Sektors entsteht und in dem die → Kennung unsicher ist.

Leitfeuer, das *(direction light; a. single station range light)* Ein → Feuer, das durch Sektoren begrenzt wird, deren Grenzen durch verschiedene → Kennungen definiert sind und die kleine → unsichere Winkel haben. Die Sektoren haben im allgemeinen verschiedene Farben (rot und grün) (Abb. 119).

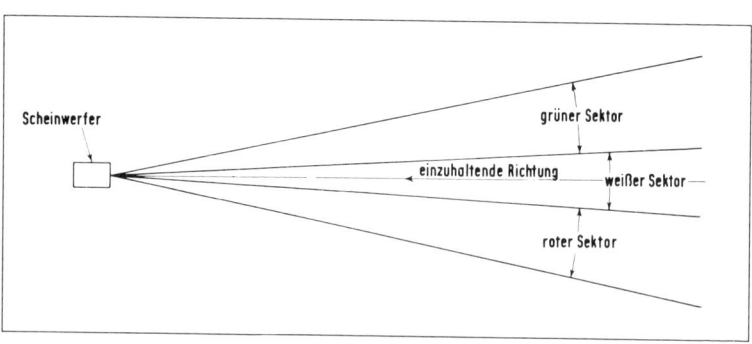

Abb. 119: Leitfeuer

Richtfeuer, das *(e. leading light, a. range lights)* Zwei oder mehr → Feuer, die so einander zugeordnet sind, daß eine oder mehrere Richtlinien gebildet werden. Die Richtfeuerachse wird Richtfeuerlinie (line of lights) genannt (Abb. 120).

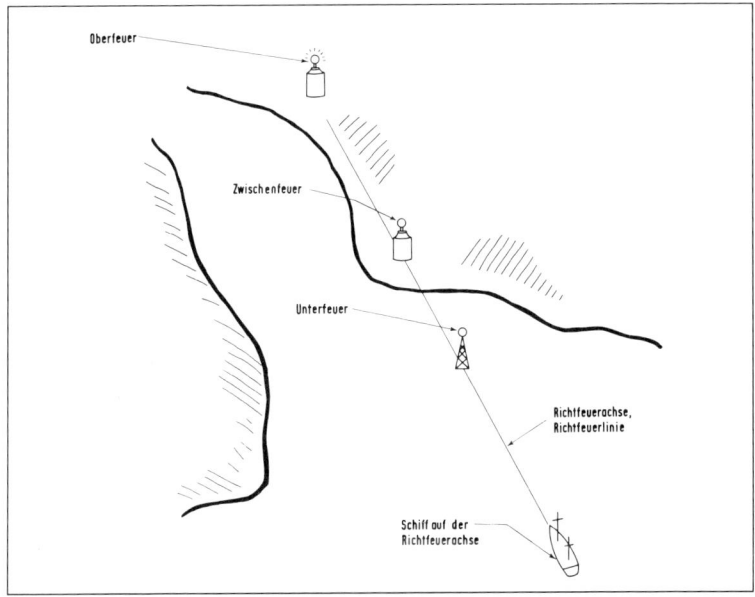

Abb. 120: Richtfeuer

Unterfeuer, das *(front light; low light)* Dasjenige von den Feuern einer Richtfeuerlinie, das dem Beobachter, der diese Richtfeuerlinie benutzt, am nächsten ist.

Oberfeuer, das *(rear light; high light)* Dasjenige von den Feuern einer → Richtfeuerlinie, das vom Beobachter, der diese Richtfeuerlinie benutzt, am weitesten entfernt ist.

197

Die **KLEINE YACHT-BÜCHEREI** ist die preiswerte Bibliothek für eingehendes Fachwissen auf vielerlei Spezialgebieten. Diese Bände sind lieferbar:

Die Bibliothek wird laufend erweitert. Fragen Sie bitte Ihren Buchhändler und beachten Sie unsere Ankündigungen.

 **Delius Klasing Verlag**

2,50 €
04/91